Gottfried Kiesow

Wege
zur
Backsteingotik

Eine Einführung

DEUTSCHE STIFTUNG
DENKMALSCHUTZ

monumente-Publikationen

Gottfried Kiesow

Wege
zur
Backsteingotik

Eine Einführung

DEUTSCHE STIFTUNG
DENKMALSCHUTZ

monumente-Publikationen

Impressum

Gesamtorganisation: Gerlinde Thalheim
Redaktion: Heike Kühn, Sonja Lucas, Gerlinde Thalheim
Satz: Rüdiger Hof, Bonn / Wachtberg
Druck: Konkordia Druck, Bühl

© Bonn 2003, Monumente Publikationen
Verlag: Monumente Publikationen
der Deutschen Stiftung Denkmalschutz
Dürenstraße 8, 53173 Bonn, Tel. 02 28 / 9 57 35-0,
Fax 02 28 / 9 57 35-28, www.monumente.de

Die Deutsche Bibliothek – CIP-Einheitsaufnahme:

Kiesow, Gottfried: Wege zur Backsteingotik. Eine Einführung - Bonn : Dt. Stiftung Denkmalschutz, Monumente Publ. 2003
ISBN - 3-936942-34-X

Inhalt

Vorwort

Jeder Mensch hat seine Vorlieben. Jeder Kunsthistoriker und Denkmalpfleger setzt bei seiner Begeisterung für das Kunstschaffen aller Epochen auch seine persönlichen Akzente. Bei mir ist einer dieser inhaltlichen Schwerpunkte die Baukunst des Mittelalters, insbesondere der Gotik, die mich seit meiner Promotion beschäftigt.

Ein anderer Schwerpunkt, der mich als Lehrender und Reiseleiter immer wieder herausfordert, ist das ,Sehen lernen'. Woher nehmen wir Kunsthistoriker unser Wissen? Aus schriftlichen Quellen, gewiss, nur sind diese gerade für das frühe Mittelalter höchst unvollständig überliefert. Sie müssen ergänzt und abgesichert werden durch Bauforschung und im kunsthistorischen Vergleich. Was sagen uns die Mauern selbst? Sie sind die verlässlichsten Zeugen der Vergangenheit – nur muss man ihre Botschaften entschlüsseln lernen.

Die Erfahrung mit unzähligen Studenten, Reiseteilnehmern und Zuhörern bei Vorträgen bestätigt mir immer wieder: Der interessierte Laie kann sein Auge schärfen und einem Bauwerk viel mehr entlocken als nur ein flüchtiges Staunen bei einem Rundgang. Mit dem Wissen um den geistigen Hintergrund und die Idee der Architektur, um die Arbeitsstrukturen und die handwerklichen Techniken blicken wir in die Geschichte des einzelne Bauwerks.

In meinen Jahren als Denkmalpfleger in Niedersachsen beschäftigten mich die romanischen Bauten dieses Bundeslandes und wiesen mit der Geschichte der Bevölkerungswanderung im 12. Jahrhundert, der Kolonisierung und Christianisierung des Ostseeraums, in jene Teile Deutschlands, die lange Zeit für Kulturreisende aus dem Westen nicht erreichbar waren. Auch während meiner dreißigjährigen Tätigkeit als Landesdenkmalpfleger in Hessen lag die Backsteingotik Mecklenburg-Vorpommerns nicht fern. Sobald Reisen erlaubt waren, besuchte ich in den 80er Jahren die Hansestädte an der Ostsee und erkundete die Backsteinbauten der Region.

Eine besonders intensive Auseinandersetzung erwuchs seit 1991 aus dem Vorsitz der Expertenkommission ,Städtebaulicher Denkmalschutz' des damaligen Bundesministeriums für Raumordnung Bauwesen und Städtebau. Dieses interdisziplinäre Gremium von Fachleuten aus Ost und West berät über 100 Städte in den östlichen Bundesländern, darunter auch Wismar, Rostock, Stralsund, Greifswald, Neubrandenburg und Wolgast – eben jene Städte, deren besondere Qualität aus der Geschichte der Hanse und den Backsteinbauten begründet ist. Sie kann den Bewohnern Norddeutschlands Identität und Chancen zur Zukunftsgestaltung vermitteln.

Bereits 1990 hatten wir in der Deutschen Stiftung Denkmalschutz entschieden, den Wiederaufbau von St. Georgen in Wismar zu fördern. Seitdem begleiten wir Jahr für Jahr gemeinsam mit unseren inzwischen über 140 000 Förderern dieses gewaltige Rettungswerk. Darüber hinaus wurden seit 1991 mehr als 400 Projekte in ganz Mecklenburg-Vorpommern mit rund 47 Millionen Euro gefördert.

Gemäß der Satzung der Deutschen Stiftung Denkmalschutz ist es dem Vorstand, der Geschäftsführung und den Mitarbeitern der Deutschen Stiftung Denkmalschutz ein wichtiges Anliegen, die breite Öffentlichkeit für den Erhalt unserer Kulturlandschaften zu begeistern. Dies geschieht durch die Zeitschrift MONUMENTE und durch den Tag des offenen Denkmals, durch Jugendarbeit, Reisen, Öffentlichkeitsarbeit und die Publikationen der Stiftung – jeweils mit dem Ziel, neugierig zu machen auf das, was die Eigenart und Geschichte der Regionen in einem geeinten Europa auszeichnet. Denn nur wer die Werte unserer Kulturlandschaft kennt, ist bereit, sich für ihren Erhalt einzusetzen.

Norddeutschland besitzt neben der Vielzahl an Schlössern und Herrenhäusern eine ungewöhnliche Dichte an Bauten der Backsteingotik, die in dieser Form einzigartig ist. Dass die UNESCO die Altstädte von Wismar und Stralsund unter besonderer Betonung der mittelalterlichen Stadtstrukturen und der monumentalen Backsteinkathedralen im Jahr 2002 in die Liste des Weltkulturerbes aufgenommen hat, würdigt die gesamte Region. Es bestätigt und beflügelt die Initiative der Stiftung, gemeinsam mit dem Land Mecklenburg-Vorpommern, den Kirchen, Städten und Gemeinden, dem NDR, der OstseeZeitung und der NordLB, vielfältige ‚Wege zur Backsteingotik' anzuregen. Sie sollen diese mittelalterliche Denkmallandschaft auf unterschiedliche Weise erschließen.

So zeigte der Erfolg der Ausstellung ‚Gebrannte Größe', die im Jahr 2002 die fünf Hansestädte Lübeck, Wismar, Rostock, Stralsund und Greifswald in einer Ausstellungsreihe entlang der Ostseeküste verband, wie wichtig es ist, Angebote zu bereiten, um breites Interesse zu wecken.

Das vorliegende Buch möchte dazu ebenfalls seinen Beitrag leisten. Es bietet den Lesern die Grundlagen zum Verständnis der Backsteingotik und zeigt, wie man Baugeschichte ‚sehen lernen' kann. Die Idee dazu entstand aus der von der Stiftung herausgegebenen gleichnamigen CD-ROM. Bei der Vorbereitung waren viele Menschen hilfreich. Mein herzlicher Dank gilt den zahlreichen Institutionen und Privatleuten vor Ort sowie den Stiftungsmitarbeitern, die tatkräftig die ‚Wege zur Backsteingotik' begleiten.

Die Faszination dieser Bauwerke jedoch lässt sich am besten vor Ort erfahren, wenn sich der Kirchenraum scheinbar schwerelos über den Besuchern wölbt und man staunend den Kopf in den Nacken legen muss, um die Höhe einer Backsteinkathedrale zu ermessen. ‚Wege zur Backsteingotik' regen somit zum Reisen an: mit dem Schiff auf der Ostsee, mit dem Auto oder mit dem Fahrrad, nicht nur entlang der Küste.

Denn auch hier gibt es eine Vielfalt von Möglichkeiten. Auf drei Hauptwegen gelangt man zu den Bauwerken der Backsteingotik: Auf der Küstenroute von Lübeck über Wismar, Rostock, Stralsund und die Insel Rügen bis nach Greifswald und Wolgast. Die Mittelroute schlägt eine Strecke von Schwerin über Güstrow nach Friedland vor. Entlang der Südroute geht die Fahrt von Lübeck über Parchim, Waren und die Mecklenburgische Seenplatte nach Neubrandenburg. Auch eine Europäische Route wird mittelfristig entstehen.

Somit begründet dieser Einführungsband eine Reihe praktischer Architektur- und Denkmalführer zu Bauwerken der Backsteingotik, die Sie auf Ihren Wegen zur Baukunst Norddeutschlands begleiten können.

Wiesbaden, Juni 2003

Einleitung

Norddeutschland besitzt eine einzigartige Fülle von Backsteinbauten. Sie sind in der Blütezeit der Region vom 13. bis 15. Jahrhundert entstanden. Mit großartigen Kirchen, deren Bauvolumen allein schon staunen lässt, haben die Bürger in den Hansestädten Maßstäbe zum Lobe Gottes gesetzt und ihrer Hoffnung auf ein himmlisches Jenseits Ausdruck verliehen.

Im Zuge der Christianisierung und Kolonisierung von Dänemark (Kloster Esrom) und von Lübeck aus wurden Kirchen und Städte gegründet. Dabei waren die ersten von den Missionaren errichteten Kirchen aus Holz, das wegen der Brandgefahr bald durch Stein ersetzt wurde. Dies waren vor allem Granitfindlinge, die man vor Ort fand und die als Moränen während der Eiszeit mit den Gletschern aus Skandinavien in das Küstengebiet von Nord- und Ostsee gelangt waren.

Die unzähligen Feldsteinkirchen, die bis heute den Mittelpunkt vieler Orte in Mecklenburg-Vorpommern bilden, zeigen die frühe christliche Besiedlung des Landes an. Ihre Bauzeiten liegen vielfach um die Mitte des 13. Jahrhunderts. In wehrhafter Bauweise mit trutzigem Westturm, dicken Mauern und kleinen Fensteröffnungen zeugen sie beredt von der Auseinandersetzung mit den Slawen, deren Land die neuen Siedler einnahmen und gegen deren Glauben die christlichen Kirchen Zeichen setzten. Im Laufe des 14. und 15. Jahrhunderts wurden diese Kirchen oft erweitert oder umgebaut. In die Wände brach man größere, gotische Fenster ein und erneuerte den Chorbereich. Bis zum Ende des 15. Jahrhunderts blieb für viele dieser Landkirchen der Feldstein gängiges Material. Die Schmuckelemente – Fenstergewände, Portale und vor allem Giebel – wurden aus Backstein gemauert, wie der Chorgiebel der Kirche in Ruchow, Kreis Parchim.

Die Siedler kamen z. B. aus Westfalen, aus Niedersachsen, Flandern und Lothringen. Günstige Klimabedingungen, verbesserte landwirtschaftliche Techniken und in der Folge reiche Ernten hatten zu Bevölkerungswachstum geführt. Eine halbe Million Menschen machte sich im 12. und 13. Jahrhundert auf den Weg Richtung Ostsee, gerufen von Heinrich dem Löwen oder Witzlaw von Rügen, die die Besiedlung des Landes vorantrieben.

Viele suchten die Chance auf ein Leben in mehr Unabhängigkeit. Werber versprachen ein Übriges. Die Sage vom Rattenfänger von Hameln mag hier ihren Hintergrund haben: Die vom Werber in die Fremde geführten arbeitsfähigen Leute kehrten nie mehr zurück. Nachrichten flossen mehr als spärlich, und so waren die jungen Leute wie vom Erdboden verschluckt.

Die Gründung Lübecks durch Heinrich den Löwen 1143/1159 und die Entstehung der Städte entlang der Ostsee, fassbar in der Verleihung der Stadtrechte an die späteren Hansestädte Schwerin 1167/71, Rostock 1218, Wismar 1226, Stralsund 1234 und Greifswald 1250, machen die Wanderung nach Nordosten deutlich. Mit der gleichen Zielsetzung von Mission und Kolonisation wirkte ab 1231 der Deutsche Orden in Preußen, Livland und Est-

Ruchow, Kreis Parchim, Feldsteinkirche mit Kreuzblendengiebel, Mitte 13. Jahrhundert

land. Von ihm wurden Ende des 13. Jahrhunderts die Stadtgründungen Danzig, Elbing, Braunsberg, Königsberg und Thorn betrieben.

Die Siedler brachten nicht nur ihren christlichen Glauben, sondern auch handwerkliches Können und ihre Kirchenbautradition mit, erkennbar an Beziehungen zum Beispiel zwischen dem Herforder Münster (ab ca. 1220) und der Kirche von Gadebusch (1210/1225) oder an der Dorfkirche von Bülow, Kreis Güstrow, bei der westfälische Schmuckformen verwendet wurden. Auch das Prinzip der Hallenkirche stammt aus Westfalen.

Mönche, allen voran die Zisterzienser in Doberan ab 1171, Dargun ab 1172, Eldena ab 1199 und Neuenkamp ab 1231, brachten mit ihrer Klosterkultur Glauben und Wissen, aber auch handwerkliche Kenntnisse in die Region. Die Zisterzienser spielten eine wichtige Rolle bei der Urbarmachung von Land. Die Klöster entwickelten sich zum Wirtschaftsfaktor.

Die stetig wachsende Besiedlung des Landes schuf Bauaufgaben, für die das heimische Baumaterial nicht mehr ausreichte, denn außer dem schwer zu bearbeitenden eiszeitlichen Granit gibt es im norddeutschen Tiefland keine nennenswerten Natursteinvorkommen. So fußt die Geschichte der Backsteingotik auf einer Mangelsituation. Mitte des 12. Jahrhunderts führte man die Technik des Backsteinbaus ein. Er stellte die materialtechnische Voraussetzung der mittelalterlichen Baukultur Norddeutschlands. Tongruben waren ausreichend vorhanden. Der daraus gebrannte Backstein bot sich für die Massenproduktion an.

Die Kenntnis der Backsteintechnik gelangte Mitte des 12. Jahrhunderts von Oberitalien aus nach Deutschland. Die ersten Backsteinkirchen nördlich der Alpen entstanden in Verden und Jerichow. Die flachen Grünlinge waren hier noch aus dem Lehm herausgeschnitten, ähnlich einem Blechkuchen, der in Stücke zerteilt wird. Sonderformen wie Kapitelle mussten einzeln zugeschnitten oder nach dem Brand mit dem Meißel zugehauen werden. Am flachen Format und der Riefelung ihrer Oberfläche erkennt man diese frühen Backsteine.

Um 1200 wurden die Backsteinformate größer und gleichmäßiger. Man hatte inzwischen Holzkästen entwickelt, in die man den Lehm strich. Mit profilierten Hölzern in den Kästen variierte man die Form des Quadersteins und konnte bald komplizierte Formsteine mit Rundungen für reiche Gliederungen herstellen.

Bei der wachsenden Schmuckfreudigkeit der Gotik konnte der Steinmetz aus dem Naturstein Zierrat einzeln mit dem Meißel herausarbeiten. Beim Backsteinbau setzte man stattdessen vorgefertigte Formsteine zu Profilen an Gesimsen oder Rundstäben und zu geometrischen Schmuckfriesen zusammen. Reihen aus pflanzlichen und tierischen Motiven sowie menschliche Figuren wurden als Terrakotten mit einem Model in Serie geformt und glasiert – eine Gestaltungsform, die bis in die Renaissance beibehalten wurde.

St. Marien in Lübeck war Vorbild für zahlreiche Kirchenbauten im Ostseeraum.

In Lübeck wurden innerhalb von gut 100 Jahren gleichzeitig der Dom und die Bürgerkirche St. Marien nicht nur errichtet, sondern mehrfach umgebaut. Die Stadt Wismar mit St. Marien, St. Nikolai und St. Georgen unterhielt rund 100 Jahre lang gleichzeitig drei Großbaustellen, dazu entstanden Bürgerhäuser und die mächtige Stadtmauer aus Millionen von Ziegeln. An diesen enormen Bauleistungen wird die wirtschaftliche Kraft, die hinter diesen Vorhaben steckt, deutlich.

Die wirtschaftlichen Voraussetzungen für diesen ‚Bauboom' schuf der Wirtschaftsbund der Hanse. Das durch den kaufmännischen Erfolg erstarkte Bürgertum wollte seine Macht und seinen Glauben in den Kirchenbauten, aber auch mit prächtigen Rathäusern und den eigenen Kaufmannshäusern zeigen. Die Hanse entstand im 12. Jahrhundert als Genossenschaft von Fernhandelskaufleuten, die sich zum gegenseitigen Schutz zusammenschlossen. Neuerungen bei der Organisation des Handels und beim Transport der Waren zusammen mit dem Bündnis ihrer Mitglieder gegen Gefahren durch Kriege und Seeräuber begründeten den Erfolg der Hansekaufleute. Im Laufe des 13. Jahrhunderts wurde daraus ein Städtebündnis. Mit dem Sieg über den Konkurrenten Dänemark 1370 begann eine Blütezeit, die sich über das ganze 15. Jahrhundert erstreckte. Der Niedergang setzte ein, als die Stärkung der absolutistischen Macht der Landesherren der Freiheit der Städte ein

Ende setzte und die Verwüstungen des Dreißigjährigen Krieges den Handel erschwerten.

Im 14. und 15. Jahrhundert war die Hanse in so genannte Drittel gegliedert – das lübisch-sächsische mit Lübeck, das westfälisch-preußische mit Köln und das gotländisch-livländische mit Visby bzw. Riga als Hauptstandorten. Der Städtebund mit seinen etwa 70 ständigen und 100 bis 130 weiteren, ihm locker verbundenen Mitgliedern umfasste den ganzen Norden Deutschlands und den Ostseeraum. Mit so wichtigen Mitgliedsstädten wie Köln, Braunschweig oder Magdeburg gewann die Hanse auch im Binnenland an Reichweite.

Handel betrieben die Kaufleute bis nach Russland im Osten, Bergen im Norden, mit England, den Niederlanden mit Flandern im Westen sowie Venedig und Italien im Süden. Das System beruhte auf dem Warenaustausch zwischen den Rohstoff erzeugenden und den weiterverarbeitenden Ländern. Pelze aus Russland wurden nach England transportiert, von dort kam Schafswolle nach Flandern, wo die im ganzen Abendland begehrten Stoffe gewebt wurden. Wachs aus den russischen Wäldern benötigte man für Kerzen und zum Abdichten von Fässern, in denen der mit Salz aus Lüneburg konservierte Hering als Fastenspeise in südliche Gegenden gebracht wurde.

Ohne ausgebaute Straßen und angesichts der von Räubern drohenden Gefahren war der Transport über Land mühsam. Die Ostsee bot die beste Voraussetzung als Drehscheibe des

St. Marien in Stralsund ist ein eindrucksvolles Beispiel der Spätgotik.

aufblühenden Handels. Aber erst durch die Entwicklung eines neuen Schiffstyps, der Kogge und ihrer Nachfolger, ließ sich die Beförderung von Massengütern wie Getreide und Holz über die Meere wirtschaftlich gestalten. Auf dem Meer lauerten jedoch noch größere Gefahren als an Land, vor allem durch die Unbilden der Natur, denen die für heutige Verhältnisse kleinen Schiffe bei Stürmen und hohem Seegang hilflos ausgesetzt waren. Auch Kriege und Piraten bedrohten den Handel. Deshalb versuchte die Hanse, den Städtebund als Schutzmacht aufzubauen. Sie strebte aber nie danach, ihren Einfluss auf politische Angelegenheiten auszudehnen. Allein die Sicherung des Handels war ihr Ziel.

Mit den Handelskontakten ging ein Kulturaustausch einher. Darüber hinaus vermittelten die Orden mit ihren überregionalen Strukturen geistigen und künstlerischen Austausch in Europa. Auch die Erfahrungen, die Kreuzritter zurück nach Norddeutschland brachten, gaben der Architektur Anregungen, wie zum Beispiel der zentralbauförmige Grundriss der Kirche in Ludorf, Kreis Müritz, nahelegt. Kunsthandwerker und Bauhütten wanderten von Ort zu Ort. So ist der Bronzegießer Johannes Apengether in der ersten Hälfte des 14. Jahrhunderts mit seiner Werkstatt in Kolberg, Rostock, Lübeck, Kiel und Halberstadt bezeugt. Hinrich Brunsberg aus Stettin war in den Jahren um 1400 in Stargard, Gartz/Oder, an der Katharinenkirche in Brandenburg und in Tangermünde als Baumeister tätig.

Die Architektur der Bürgerkirchen in den Hansestädten beeinflusste die Kirchenbauten in kleineren Städten und im ländlichen Bereich. So erscheint der Giebel an der Dorfkirche in Hornstorf als ‚kleine Ausgabe' des Südgiebels von St. Georgen in Wismar. Das durch den Handel geförderte Wachstum der Städte und die Kolonisation der slawischen Gebiete im Ostseeraum führten zu einer Blütezeit der Baukunst, deren Grundlage die aus Oberitalien stammende Backsteintechnik bildete. Verbunden mit dem aus Nordfrankreich übernommenen basilikalen Kathedralsystem entstand mit dem Dom und der Marienkirche in Lübeck und ihren Nachfolgebauten in den übrigen Hansestädten eine Gruppe von Backsteinbasiliken, die in ihrer Dichte und Qualität einmalig sind und die norddeutsche Kulturlandschaft bis heute prägen.

Für die ersten größeren Backsteinbauten der Romanik in Norddeutschland, etwa den Dom in Ratzeburg, bevorzugte man die Raumform der Basilika, die ein hohes Mittelschiff und niedrige Seitenschiffe aufweist. Mit der Frühgotik verbreitete sich als neuer Bautyp die Hallenkirche, deren Schiffe gleich hoch sind. Einige Basiliken wie der Dom in Lübeck wurden unter erheblichem technischem Risiko zur Halle umgebaut. Die rund 70 Jahre nach der Entstehung Lübecks von dort aus gegründeten Städte an der Ostseeküste wählten von Beginn an den Typ der Hallenkirche. Kaum war in Lübeck auch das Langhaus der Marienkirche zur Halle umgebaut worden, begann

man um 1280 mit dem Bau eines neuen, nun wieder basilikalen Chores. Vorbild dafür waren die Kathedralen der nordfranzösischen Städte Soissons und Le Mans, zu denen Lübeck über den Handel mit Flandern Verbindungen hatte. Für den erneuten Wechsel der Raumform war vermutlich die bei einer Basilika größere Höhenentwicklung der Grund, denn es sollte ein schwereloses, überirdisch schönes Bauwerk als Abbild des ‚himmlischen Jerusalem' entstehen.

Nachdem die Städte an der Ostseeküste dem Vorbild Lübecks bereits bei der Einführung der Hallenraumform gefolgt waren, übernahmen sie von dort auch die Basilika. Gleich nach Baubeginn am Chor des Lübecker Domes (ab 1266) und dem der Lübecker Marienkirche (ab 1280) brachen die Städte an der Ostseeküste ihre Gründungskirchen ab. Zuerst geschah dies in Stralsund bei der Nikolaikirche, wo bereits um 1270 nicht nur die Chorform, sondern auch die Doppelturmfassade übernommen wurde. Dann folgten mit einigen Abweichungen der Dom in Schwerin (ab 1270) und der Chor der Georgenkirche (um 1290) in Wismar.

Im 14. Jahrhundert, während der Entwicklung von der Hoch- zur Spätgotik, veränderten sich die Nachfolgebauten der Lübecker Marienkirche. Dies wird sichtbar in der Zusammenfassung der Chorkapellen unter einem gemeinsamen Dach, in der Reduzierung der Profile von Pfeilern und Bögen sowie in den Raumproportionen. Die Höhenentwicklung wurde gesteigert. Besonders eindrucksvoll ist dies bei der Nikolaikirche in Wismar und bei der Marienkirche in Rostock, während sich Abweichungen in Bad Doberan aus den Eigenheiten der Zisterzienser erklären lassen.

Im 15. Jahrhundert ließen die Backsteinbasiliken einen neuen Umgang mit dem Baukörper erkennen, am deutlichsten wird dies bei der Marienkirche in Stralsund. Waren in Lübeck die Schubkräfte der Gewölbe noch au-

ßen über das Strebewerk abgeleitet worden, um innen eine Illusion der Schwerelosigkeit zu erzeugen, wurden bei der Stralsunder Marienkirche alle Strebepfeiler nach innen gezogen, um den Außenbau als klaren Kubus auszubilden. Hier kam, noch im Gewand gotischer Detailformen, schon das Gestaltungsprinzip der Renaissance zur Geltung.

Nur wenige sichere Quellen können für die exakte Datierung einzelner Bauwerke oder Bauabschnitte herangezogen werden. Beispiele dafür sind z. B. der Anstellungsvertrag von Johann Becker als Werkmeister für St. Nikolai in Wismar von 1339 oder die Inschriftenplatten an St. Nikolai in Stralsund, die auf den Baubeginn des Westbaus 1309 oder 1329 verweisen. Manchmal sind Daten für die Chorweihe belegt, doch insgesamt sind die Quellen für eine exakte Datierung spärlich. Die Interpretation von Bauuntersuchungen und der kunsthistorische Vergleich zu anderen Bauwerken müssen herangezogen werden. Daraus ergeben sich zum Teil unterschiedliche Einschätzungen in der Fachliteratur, deren Auswirkung auf die großen Entwicklungslinien jedoch weniger von Bedeutung ist.

Daher kann auch der interessierte Laie einen Blick für die Bauformen der Backsteingotik entwickeln, selbstständig die jeweiligen Besonderheiten erkennen und eine zeitliche Einordnung vornehmen. Die steiler werdenden Raumproportionen, die immer einfacher werdenden Profile der Pfeiler und Wandgliederungen, die reicheren Gewölbeformen und eine zunehmende Geschlossenheit der Außenbauten geben wertvolle Hinweise.

So möchte dieses Buch mit vielen Nahaufnahmen Details und Formen zeigen, an denen Baugeschichte sichtbar wird. Der Reisende erhält eine Einführung, die er zu Hause oder unterwegs zur Hand nehmen kann. Praktische Führer zu einzelnen Abschnitten auf den ‚Wegen zur Backsteingotik' werden in loser Folge zusätzlich erscheinen.

Die Hanse

Über Jahrhunderte hinweg bestimmte die Hanse Leben und Handel im norddeutschen und mitteleuropäischen Raum. Auch die große Zahl und hohe Qualität der Backsteinbauten ist dem Wohlstand der Hansekaufleute zu verdanken.

- *Das Entstehen der Hanse und ihre Ausdehnung*
- *Die Formen des Handels*
- *Die Waren und ihr Transport*
- *Kriege und Piraten*

Die Geschichte

Der Name ‚Hanse' tauchte zum ersten Mal in einer Urkunde von 1266 auf und bezeichnete damals noch die Genossenschaft von Fernhandelskaufleuten aus Hamburg und Lübeck. Erst im 13. Jahrhundert wurde daraus ein Bündnis von Handelsstädten, das mit dem Sieg über Dänemark 1370 eine Blütezeit erfuhr, die sich bis über das ganze 15. Jahrhundert hinweg erstreckte. Der Niedergang erfolgte, als der Freiheit der Städte durch die Erstarkung der absolutistischen Landesherren und die Verwüstungen des Dreißigjährigen Krieges ein Ende gesetzt wurde.

Die Anfänge

Waren deutsche Kaufleute bis zur Mitte des 12. Jahrhunderts noch relativ wenig am Handel mit England und den Ostseeländern be-

1 Urhanse, Miniatur in einem englischen Bestiarium, Ende 13. Jahrhundert

teilt, so sollte sich dies später ändern. Kölner Handelsherren traten in London als Importeure für Rheinwein und als Exporteure für Wolle und Metalle auf. Der englische König Heinrich II. gewährte ihnen 1157 für ihre Waren und ihre Niederlassung in einem ‚Gildehalle' genannten Gebäude an der Themse seinen Schutz. Der Ostseehandel wurde bis zur Gründung von Lübeck 1158/1159 vorwiegend von den Kaufleuten der Insel Gotland beherrscht, dazu kamen auch Russen aus Nowgorod. Der Einfluss der Deutschen nahm vom Ende des 12. Jahrhunderts an ständig zu, bis sie schließlich den gesamten Ostseeraum beherrschten.

Dazu trugen die von Heinrich dem Löwen betriebene Missionierung und Kolonisierung der wendischen Gebiete an der Ostseeküste

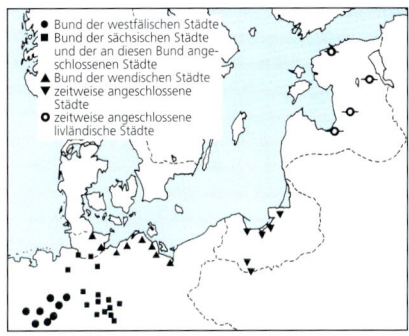

2 Ausbreitung der Hanse in ihren Anfängen

wesentlich bei, vor allem die von Lübeck ausgehende Gründung weiterer Handelsstädte wie Wismar, Rostock, Stralsund und Greifs-

3 Urkunde zum Stralsunder Frieden, 24. Mai 1370

4 Ausschnitt aus der Karte der Heringsbänke in der Nordsee (s. Abb. 17)

wald, aber auch vom Ende des 13. Jahrhunderts an die vom Deutschen Orden in Preußen betriebenen Stadtgründungen Danzig, Elbing, Braunsberg, Königsberg und Thorn. Noch war die Hanse ein Schutzbündnis der Kaufmannsgilden und nicht eines der Städte, bei denen vor der Mitte des 13. Jahrhunderts der Einfluss der Territorialherren noch zu groß war, um Städtebündnisse zu ermöglichen. Erst durch ihre wachsende ökonomische Stärke konnten die Städte den Einfluss zurückdrängen.

Blütezeit

Die große wirtschaftliche, politische und kulturelle Blütezeit der Hanse im 14. und 15. Jahrhundert beruhte auf der klugen Politik der Städte, sich ausschließlich zur Verfolgung ihrer wirtschaftlichen Interessen von Fall zu Fall zu verbünden und sich damit weitgehend aus der großen Machtpolitik der Herrscher herauszuhalten. Ganz gelang dies aber nicht, vor allem nachdem Dänemark begonnen hatte, den freien Handel auf Gotland und im Sund zu behindern. Der Sieg der Hanse über Dänemark, 1370 besiegelt im Frieden von Stralsund (Abb. 3), beseitigte die letzten Einschränkungen des Handels, den von nun an die Hanse beherrschte.

Sie schloss ihrerseits ungeliebte Konkurrenten wie die englischen Kaufleute durch Einfahrtsverbote in die Ostsee vom Handel aus. Zum wirtschaftlichen Wohlstand besonders von Lübeck (Abb. 5) trug die Monopolstellung für begehrte Waren wie Salz und russische Pelze, vor allem aber zunächst für Hering (Abb. 4) und später für Stockfisch bei. Der Wohlstand sicherte auch die Freiheit des Handels, denn er versetzte die Städte in die Lage, die Wünsche ihrer Landesherren nach Krediten zu befriedigen und sich damit Privilegien zu verschaffen.

Je selbständiger die Städte wurden, um so stärker entwickelte sich der Einfluss ihrer Bürgermeister und Räte. Sie übernahmen all-

5 Lübeck von Osten (nach einem Gemälde von J. Willinges von 1596), um 1660, ehemals im Kanzleigebäude des Rathauses

mählich die ursprüngliche Rolle der Kaufmannsgilden bei der Sicherung der Hanse, die damit zum Städtebündnis wurde. War die Sicherung der Handelsprivilegien in Gefahr, konnte die Hanse – mit dem Deutschen Orden als ihrem Mitglied – eine beachtliche Streitmacht an Schiffen und Kriegern einsetzen.

Niedergang

Nach der Entdeckung Amerikas und der neuen Seewege nach Asien ging der Handel in Italien und Deutschland allgemein stark zurück. In dem Maße wie Portugal, Spanien, die Niederlande und England vom Reichtum ihrer neuen Kolonien und von den Seewegen im Atlantik profitierten, neigte sich die Blütezeit der großen Handelsstädte Venedig, Genua, Nürnberg oder Ulm wie auch der Hansestädte ihrem Ende zu.

Da ihnen nun das Geld für Söldner zum eigenen Schutz und für Kredite zur Befriedigung der Wünsche ihrer Landesherren fehlte, konnten diese wieder stärker in den Städ-

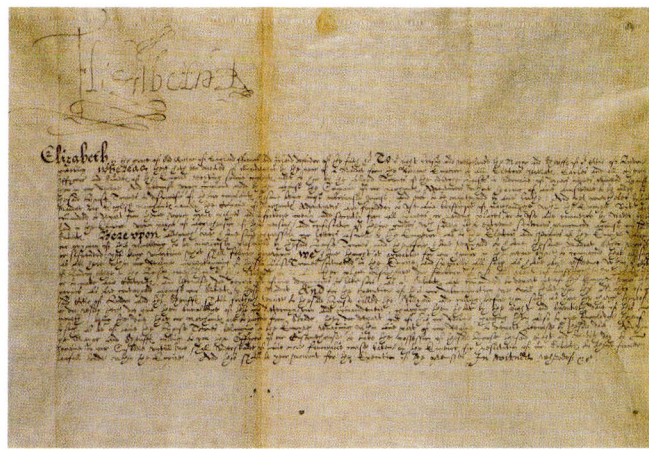

6 Urkunde von 1598: Vertreibung der Hansen aus England durch Königin Elisabeth

7 Nachbau einer Kogge

ten Fuß fassen und die Stadtrechte nach und nach einschränken. Insbesondere im Ostseeraum schmälerte das erstarkte Königreich Schweden den Einfluss Lübecks und riss nach dem Sieg über die Verbündeten Lübeck und Dänemark den Handel im Ostseeraum an sich.

Das Ende des Deutschen Ordensstaates in Preußen 1525 und schließlich der Dreißigjährige Krieg 1618–1648 mit der Abtretung Vorpommerns mit Stralsund, Bremen, Verden und Wismar an Schweden besiegelten das Schicksal der Hanse endgültig.

Zuvor hatte Königin Elisabeth von England mit ihrer Urkunde von 1598 (Abb. 6) die Hanse aus England vertrieben und ihr ,Stalhof' genanntes Handelskontor beschlagnahmt. Damit waren mehr als 400 Jahre für beide Seiten vorteilhafte Handelsbeziehungen zerstört. Der letzte Hansetag fand 1669 statt, das Erbe fiel an den Dreierbund der ,Freien und Hansestädte' Lübeck, Hamburg und Bremen, der bis in das 20. Jahrhundert hinein existierte.

Neubelebung

Nach dem Zweiten Weltkrieg wurde die Hanse als Interessengemeinschaft ehemaliger Hansestädte neu gegründet. Sie sollte der Völkerverständigung und der Sicherung des Friedens vor allem im Ostseeraum dienen. Jetzt hat sie mit der Europäischen Union, der auch Polen und die baltischen Staaten beitreten wollen, eine neue Rolle erhalten. Sie dient besonders dem kommunalpolitischen Erfahrungsaustausch und der gemeinsamen Förderung des Fremdenverkehrs.

So werden auch wieder Hansetage veranstaltet. Am ersten Hansetag seit 1669 nahmen 1980 im niederländischen Zwolle die Vertreter von 43 ehemaligen Hansestädten teil. Anlass war unter anderem die Entdeckung eines Briefes im Stadtarchiv, demzufolge Zwolle im Jahr 1294 die erste Stadt war, die Lübeck als ,Haupt der Hanse' anerkannt hatte. Inzwischen finden die Hansetag wieder jährlich statt, so 2003 in Frankfurt/Oder und Slubice/Polen, 2004 in Turku/Finnland und 2005 in Tortu/Estland.

Die Ausdehnung der Hanse

8 Visby auf Gotland war für den Handel an der Ostsee bedeutend.

In ihrer größten Blütezeit umfasste die Hanse rund 70 aktive Mitgliedsstädte, bis zu 130 weitere waren locker mit ihr verbunden. Sie war in so genannte Drittel gegliedert – das lübisch-sächsische mit Lübeck, das westfälisch-preußische mit Köln und das gotländisch-livländische mit Visby bzw. Riga als Hauptstandorte. Intensiven Handel betrieb die Hanse bis nach Russland im Osten, Bergen im Norden, mit England, den niederländischen Gebieten im Westen sowie Venedig und Italien im Süden.

Gotland

Die bäuerlichen Handelsleute der Insel Gotland begründeten den Handel im Ostseeraum und knüpften die ersten Beziehungen zu Russland. Nach der Gründung von Lübeck begannen deutsche Kaufleute in Gotland Fuß zu fassen, stießen hier aber natürlich zunächst auf den Widerstand der Gotländer. Dank des Verhandlungsgeschicks von Herzog Heinrich dem Löwen gelang es aber, den Konflikt zwischen den Rivalen zu schlichten. Er ließ sie 1161 Frieden schwören und bestätigte den Gotländern die ihnen bereits von Lothar III. in Sachsen verlie-

henen Privilegien. Damit öffnete er den deutschen Kaufleuten den zentralen Handelspunkt im gotländischen Visby (Abb. 8) und schuf die Voraussetzungen für die Gründung der Genossenschaft der nach Gotland fahrenden deutschen Kaufleute (Abb. 9).

9 Siegel der hansischen Gotlandfahrer von 1291 mit der Marienlilie

10 Mächtige Stadtmauer von Visby auf der schwedischen Insel Gotland

Die große Bedeutung von Gotland als Stützpunkt für den Handel mit Schweden und Russland veranlasste bald Kaufleute aus Dortmund und Lübeck, sich ganz auf der Insel niederzulassen. Daraus entstand eine eigene deutsche Siedlung, die zusammen mit der skandinavischen eine Doppelstadt mit gemeinsamem Stadtrecht bildete. Sie entwickelte sich ähnlich rasch wie Lübeck und erhielt eine rund vier Kilometer lange Stadtmauer (Abb. 10), die etwa 90 ha Fläche umschloss. Die Stadt besaß zahlreiche Kirchen, 18 davon sind als Ruinen heute noch vorhanden, darunter als größte die Marienkirche, die 1190–1225 erbaute Pfarrkirche der deutschen Genossenschaft.

Kolonisation

Zwei maßgebliche Motive bewogen Heinrich den Löwen dazu, Lübeck 1143 zunächst erfolglos, 1158/59 dann endgültig zu gründen. Zum einen galt es, einen Stützpunkt für den Handel im Ostseeraum als Ersatz für das untergegangene Haithabu bei Schleswig zu schaffen, zum anderen benötigte er einen

11 Auswanderer, Holzschnittillustration aus Sebastian Münsters „Cosmographia", 1544

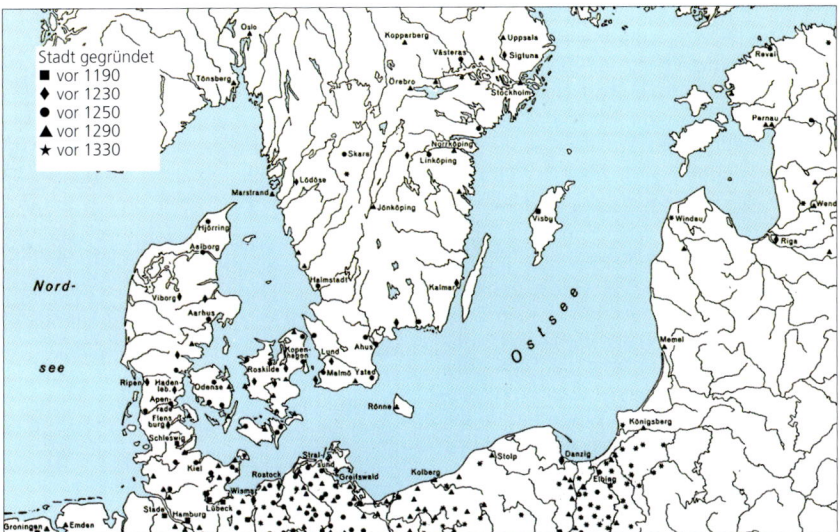

12 Gründungen der Hansestädte im Ostseeraum bis 1330

Ausgangspunkt für die Missionierung der heidnischen Wenden. Sie zum Christentum zu bekehren, wurde zum wichtigsten politischen Ziel erklärt, die damit verbundene Ausdehnung des eigenen Machtbereiches war eine angenehme Folge.

Mit der gleichen Zielsetzung von Mission und Kolonisation wirkte der Deutsche Orden ab 1231 in Preußen. Er beerbte den Schwertbrüderorden in Livland und erwarb 1346 Estland durch Kauf.

In die dünn von Slawen besiedelten Regionen drängten aus den bereits relativ stark verdichteten deutschen Gebieten im Westen Einwanderer in großer Zahl (Abb. 11), vor allem aus dem Rheinland und Westfalen. Damit waren die siedlungspolitischen Voraussetzungen für die Gründung zahlreicher neuer Handelsstädte (Abb. 12) geschaffen.

Als Erstes wurde Schwerin gegründet, ab 1167/71 Sitz des Bistums Mecklenburg und

ab 1385 Residenz des dortigen Fürstenhauses. Rostock erhielt 1218 lübisches Stadtrecht, Wismar wurde unter Mitwirkung von Lübeck vor 1226 als Stadt an einem bereits bestehenden Hafen angelegt. Die Gründung von Stralsund ging vom wendischen Fürsten Wizlaw I. von Rügen aus, der es 1234 mit lübischem Stadtrecht ausstattete. Dieses erhielt 1250 auch das kurz zuvor auf Initiative des Zisterzienserklosters Eldena angelegte Greifswald.

Russland

Nowgorod soll nach der Legende bereits 862 gegründet worden sein, schon 988 gab es hier einen Bischofssitz. Die erste, hölzerne Sophienkathedrale im Kreml entstand um 1000, der heutige Steinbau (Abb. 13) wurde 1045–52 errichtet. Die Stadt war bald wichtigster Handelsplatz in Russland und beherrschte den Austausch von einheimischen Rohstoffen gegen Fertigwaren aus dem Westen.

Zunächst traten hier die Gotländer als alleinige Partner auf. Zur selben Zeit, als die deutschen Kaufleute in Gotland Fuß fassten, wagten sie sich aber auch bis nach Nowgorod vor. Dort unterhielten sie zunächst gemeinsam mit den Gotländern den St. Olavshof. In einer Urkunde aus dem Jahr 1189 verlieh Fürst Jaroslav den deutschen und gotländischen Kaufleuten Schutz für Personen und Waren.

Wie intensiv die wirtschaftlichen, aber auch die kulturellen Beziehungen von Nowgorod nach Deutschland waren, erkennt man an den Bronzetüren (Abb. 14) der Sophienkathedrale. Ihre 48 Platten wurden 1152–56 in Magdeburg gegossen. Für eine russisch-orthodoxe Kirche sind mit Figuren ausgestattete Türflügel höchst ungewöhnlich und nur mit dem Einfluss deutscher Kunst zu erklären.

Die Handeltreibenden reisten zunächst auf dem Seeweg über Gotland an. Aus dem Jahr

13 Nowgorod, Sophienkathedrale, Mitte 11. Jahrhundert

1201 wird jedoch zum ersten Mal von einer Gruppe deutscher Kaufleute berichtet, die auf dem Landweg über Riga und Tallinn (Reval) nach Nowgorod gelangt war.

14 Bronzetüren aus Magdeburg (1152–56) an der Sophienkathedrale in Nowgorod

15 Hafen von Bergen, Norwegen

Skandinavien

Parallel zum Vordringen nach Osten stießen deutsche Kaufleute auch nach Norden in die skandinavischen Länder vor, wo sie sich in den Städten auf Dauer niederließen und im Handel, im Handwerk und in der Stadtverwaltung maßgeblich vertreten waren. Eine königlich-schwedische Verordnung von 1345 schrieb vor, dass die Räte der Städte je zur Hälfte aus Schweden und Deutschen zu bilden seien. Man befürchtete jedoch eine zu große Abhängigkeit von der Hanse und Überfremdung durch die Deutschen. Deshalb schrieb der Reichsregent Birger Jarl schon 1251 bei der Anwerbung Deutscher für die Gründung von Stockholm vor, dass die Lübecker, die sich in Schweden niederließen und dort blieben, ‚nach dem Recht des Landes leben und Schweden genannt werden sollen'.

Das Hauptinteresse der Deutschen galt den Kupfervorkommen von Falun, die sie mit Hilfe von Bergleuten aus dem Harz ausbeuteten. Im 14. Jahrhundert berichten die Quellen von Bergwerksanteilen im Besitz von Handelsherren aus Lübeck. Für das Vorstoßen der deutschen Hansen nach Dänemark waren die reichen Fischbestände vor der Halbinsel Schonen (Abb. 16, 17) der Grund; in Norwegen steuerten sie vor allem die Stadt Bergen an (Abb. 15),

16 Heringsfang an der Küste Schonens, Holzschnittillustration, 1555

17 Karte der Heringsbänke in der Nordsee, aus dem „Visboec" von Adriaan Coenen, 1578

wo sie Stockfisch, Tran, Butter und Häute kauften und Getreide absetzten. In einem Brief von 1248 wird Lübeck dringend gebeten, Getreide zu liefern, weil sonst eine Hungersnot drohe. Umgekehrt war Stockfisch im ganzen Abendland als Fastenspeise begehrt.

Übriges Europa

Die Hanse stieg nach und nach zur dominierenden Handelsmacht im Ostseeraum und in Skandinavien auf. Sie konnte zwar auch in England und Flandern Kontore einrichten, stand aber in ständiger Konkurrenz zu den dortigen Kaufleuten, von der Mitte des 14. Jahrhunderts an vor allem zu den Niederländern. Diese wurden der Hanse immer gefähr-

licher, indem sie eigene Manufakturen für Fertigwaren, vor allem Tuche, aufbauten, sich eine starke Handelsflotte zulegten und ihre Waren in dieselben nordeuropäischen Länder transportierten, die bis dahin von der Hanse

18 Venedig, Fondaco dei Tedeschi, Niederlassung der deutschen Kaufleute

beliefert wurden. Seit dem Ende des 14. Jahrhunderts tauchten immer stärker auch die englischen ‚Merchant Adventurers' in Stralsund und den preußischen Städten auf, richteten 1388 sogar eine offizielle Niederlassung in Danzig ein.

Im Süden war Nürnberg die mächtigste Konkurrenz für die Hanse, die dort nur begrenzt Fuß fassen konnte, während Nürnberger Kaufleute seit dem Ende des 14. Jahrhunderts durch Heirat und Ankauf nach Lübeck gelangten. In Venedig hatten die Lübecker und Kölner eine ‚Fondaco dei Tedeschi' genannte Handelskammer in dem prachtvollen, zu Beginn des 16. Jahrhunderts neu erbauten Palazzo am Canal Grande (Abb. 18) geschaffen. Sie brachten russische Pelze, Bernstein aus Preußen, getrockneten Fisch aus Bergen und westfälisches Leinen nach Italien und kauften Gewürze, Seidenwaren und Südfrüchte ein (Abb. 20). Große Bedeutung heim Handel mit Italien hatte auch Getreide (Abb. 19), das die Hanse bis nach Norwegen ausführte.

Mitgliedsstädte

Zur Genossenschaft der Urhanse (Abb. 1) konnten Fernhandelskaufleute aller deutschen Städte gehören und die errungenen Privilegien im Ausland in Anspruch nehmen. Unbekannt ist das Verfahren, wie neue Mitglieder aufgenommen wurden, ob vor der Abfahrt im Hafen oder bei der Ankunft in der ausländischen Niederlassung. Nachdem die Hanse sich aber von der Mitte des 14. Jahrhunderts an von einer Genossenschaft der Kaufleute in einen Städtebund verwandelte, war die Inanspruchnahme von Privilegien an die Bürgerrechte einer Mitgliedsstadt gebunden. Die Frage, wie viele und welche Mitgliedsstädte die Hanse hatte, ist generell schwer zu beantworten, denn es gab dafür erstaunlicherweise kein offizielles Verzeichnis.

19 Handel mit Getreide, Miniatur aus dem „Specchio umano" von Domenico Lenzi, 14. Jahrhundert

20 Italienische Wechselstube, Holzschnitt-Illustration, um 1497

Eine Hansestadt konnte nach drei Kriterien beurteilt werden. Sie war erstens eine Stadt, deren Kaufleute zu den ausländischen Niederlassungen zugelassen waren und entsprechende Privilegien in Anspruch nehmen konnten, zweitens eine Stadt, die sich aktiv an den Aktionen der Hanse beteiligte, und drittens eine Stadt, die zu den Hansetagen eingeladen wurde. Man kennt etwa 70 Städte, die aktiv zur Hanse gehörten und an die 130, die mit ihr verbunden waren – ihre Vorteile nutzten, sich aber nicht an Aktionen beteiligten. Die Städte Wismar (Abb. 21), Rostock, Stralsund (Abb. 22), Greifswald, Demmin und Anklam im heutigen Bundesland Mecklenburg-Vorpommern waren ständige Mitglieder der Hanse, Stralsund hatte nach Lübeck sogar eine gewisse Zentralstellung errungen.

21 Aus der Vogelperspektive erkennt man den mittelalterlichen Stadtkern von Wismar.

22 Die Silhouette Stralsunds vom Strelasund aus ist von den drei Pfarrkirchen geprägt.

Die Handelsformen

Der wirtschaftliche Erfolg der hanseatischen Kaufleute beruhte am Anfang auf ihrem Wagemut, im Schutz ihrer Genossenschaften in fremde Länder vorzudringen und eigene Kontore in Visby auf Gotland, Nowgorod, Bergen, London und Brügge einzurichten. Das Risiko von Verlusten durch Raub oder Betrug in fremden Ländern wurde – ohne rechtlichen Schutz – zunächst durch verwandtschaftliche Beziehungen, dann durch die Entwicklung des Kreditwesens gemindert. Schließlich wurde der Handel durch die Macht des Städtebundes gesichert.

23 Das Elendenhaus in Stralsund diente der Unterstützung in Not geratener Reisender.

24 Kaufmannsutensilien, Hans Holbein d. J. „Portrait des Georg Gisze", 1532, Ausschnitt

Verwandte

Handel mit noch weitgehend unerschlossenen Ländern war nicht nur durch äußere Gefahren wie Schiffbruch, Piraterie und Straßenraub bedroht, er unterlag auch dem Risiko, nicht die richtigen Geschäftspartner zu finden. Im Mittelalter war ein reisender Fremder hilflos, wenn er ernsthaft krank wurde, durch Raub oder Betrug sein Geld oder sein Gefährt verlor. Für solche Notfälle wurde in den Hansestädten, wie zum Beispiel in Stralsund, ein so genanntes Elendenhaus (Abb. 23) eingerichtet. Der Begriff Elend war im Mittelalter gleichbedeutend mit Ausland.

Wichtiger noch waren jedoch Handelspartner, die korrekt und kreditwürdig waren. Hier halfen in vielen Fällen die engeren oder verzweigteren familiären Beziehungen zwischen den Handelsherren in den Städten des Rheinlandes und Westfalens und den von

25 Schabbelhaus in Lübeck, 1558–1562

26 Schabbellhaus in Wismar, 1569–1571

dort ausgewanderten Verwandten, die zunächst in Lübeck siedelten. Von dort aus wurden häufig die jüngeren Brüder weiter nach Osten in die Hansestädte des wendischen Quartiers ausgesandt. Man erkennt diese Beziehungen an Namen wie dem des Schabbelhauses in Lübeck (Abb. 25) und des Schabbellhauses in Wismar (Abb. 26), heute Stadtgeschichtliches Museum. Durch sich im Ausland (in Schweden, Dänemark, Flandern und England) niederlassende Kaufleute der Hanse weitete sich das Geflecht familiärer Beziehungen in den gesamten Küstenraum von Nord- und Ostsee aus.

Kontore

Niederlassungen deutscher Kaufleute gab es in großer Zahl, vor allem an den Küsten von Nord- und Ostsee und auch am Atlantik, doch waren sie unterschiedlich groß und bedeutend. Die wichtigsten Stützpunkte waren die vier seit dem 16. Jahrhundert ‚Kontore' ge-

nannten Niederlassungen in Nowgorod, London, Bergen und Brügge. Das Hansekontor in Nowgorod befand sich im Peterhof auf der so genannten Handelsseite (Abb. 27), dem östlichen Ufer des Flusses Wolchow mit Blick auf den gegenüberliegenden Kreml auf der westlichen, nach der Kathedrale benannten Sophienseite.

Der Peterhof in Nowgorod hatte die strengste Hofordnung. Sie erhielt im Verlauf seiner fast vierhundertjährigen Geschichte sieben Fassungen. Als die Hanse noch eine Genossenschaft von Kaufleuten war, wählten diese selbst ihr ‚Oldermann' genanntes Oberhaupt, das seinerseits vier Beisitzer bestimmte. Nachdem die Hanse zu einem Bund der Städte geworden war, setzten diese das Oberhaupt ein. Eine Besonderheit Nowgorods war, dass es zwei völlig getrennte Gruppen von Kaufleuten gab, die Winter- und die Sommerfahrer. Zur ersten Gruppe gehörte jene Gilde aus Stralsund. Diese besaß in der Nikolaikirche ihr

27 Der Peterhof, das Hansekontor in Nowgorod, lag am Wolchow-Ufer.

eigenes Gestühl, dessen Wange erhalten geblieben ist (Abb. 28). Die Reliefs zeigen, warum diese Gruppe im Winter kam: der Pelze wegen, die in dieser Jahreszeit die beste Qualität besaßen, und auch wegen des Bienenwachses, das nur im Winter geerntet werden

konnte. Den übrigen Handel wickelten die Sommerfahrer ab.

Das Kontor in Bergen war von Anfang an in den Händen Lübecks, das, nachdem auch hier der Übergang von der Kaufmannsgenossenschaft zum Städtebund vollzogen worden war, die 1343 festgelegte Organisation bestimmte. Wie das in Nowgorod bestand auch dieses Kontor aus einem eigenen, abgeschlossenen Bezirk am Ufer des Fjords, von den Norwegern ,Tyskebrygge' (deutsche Brücke) genannt.

Die deutsche Marienkirche des Quartiers besteht heute noch. Die hölzernen Wohn- und Lagerhäuser (Abb. 29) sind mehrfach – zuletzt 1955 – abgebrannt, jedoch bis 1981 originalgetreu wieder aufgebaut worden. Das Quartier ist in etwa 20 Höfe gegliedert, von denen jeder bis zu 15 Holzhäuser umfasst.

Die deutsche Kolonie bestand neben Kaufleuten auch aus Handwerkern, die außerhalb von

28 Gestühl der Nowgorodfahrer in der St. Nikolaikirche, Stralsund

ganz einfach ein Handelsplatz gemeint war. Der Stalhof bestand aus einem eigenen, von einer Mauer eingefassten etwa quadratischen Bezirk (Abb. 30, 32) zwischen der Themse und der Thamesstreet. Seine Keimzelle war die von den Kölnern erbaute Gildehalle, die der Versammlung der Kaufleute diente. Die dazukommenden Gebäude wurden zunächst angemietet, dann nach und nach von den Deutschen gekauft. Der englischen Konkurrenz war die Hanse ein Dorn im Auge, stetig wirkte sie auf die englischen Könige ein, deren Privilegien

29 Gasse in Tyskebrygge (,deutsche Brücke') im norwegischen Bergen

30 Der Bereich des früheren Stalhofs, der hansischen Niederlassung in London

Tyskebrygge lebten und die man summarisch ,Schomaker' nannte, weil die Schuster die größte Gruppe stellten – vor Kürschnern, Schneidern, Goldschmieden, Barbieren und Bäckern. Die Deutschen stellten ein Viertel bis ein Drittel der Gesamtbevölkerung von Bergen, um 1400 waren ungefähr 2 000 von 6 000 Einwohnern deutsch. Die Seereise von Lübeck nach Bergen war besonders stark vom Wetter abhängig, sie konnte sechs Tage, aber auch zwei Monate dauern. Die Gefahren schildert anschaulich ein Gemälde in der Marienkirche von Lübeck aus dem Jahr 1489, das den Schiffbruch eines Bergenfahrers zeigt (Abb. 31).

Beim Namen ,Stalhof' des Hansekontors in London denkt man zunächst an den von Kölner Kaufleuten eingeführten Stahl, doch leitet sich der Name von dem Wort ,stal' ab, womit

einzuschränken. Diese Vorrechte waren mit der Verpflichtung verbunden, das Bischofstor als Teil der Stadtbefestigung zu unterhalten und bei einer Belagerung auch zu verteidigen.

Für den Handel mit Flandern hatte die Hanse zunächst in Brügge ein Kontor, jedoch nicht wie in Nowgorod, Bergen oder London in einem eigenen Quartier, sondern in angemieteten Häusern. Die Querelen mit der ansässigen Kaufmannschaft waren hier besonders groß, weshalb die Hanse mehrfach zu Boykottmaßnahmen greifen musste. Erst 1442 besaß sie ein eigenes Haus. Als Antwerpen die Stadt Brügge als zentralen Handelsplatz in Flandern ablöste, verlegte die Hanse ihr Kontor dorthin und errichtete 1564 das riesige Oostershuis (Abb. 33) – zu einer Zeit, als ihre Blüte bereits vergangen war.

31 Schiffbruch, Gedenktafel des Hans Ben, 1489/90, St. Marien, Lübeck, Briefkapelle

32 Stalhof mit Hafen, Lager- und Wohnhäusern auf einem Stadtplan, um 1560

34 Waage aus Hamburg von 1537

33 „Oostershuis im Schnee", erbaut 1564/68, Gemälde von Lucas van Uden, um 1650

35 Kreditinstrumentarium eines Hansekaufmanns im Londoner Stalhof (s. Abb. 24)

Handelstechnik

Das wichtigste Instrument zur Sicherung des Handels waren Privilegien, die man sich von den Landesherren, zum einen für die Kaufleute in der eigenen Stadt, zum anderen in Form eines Monopols auf bestimmte Waren gewähren ließ. Auf diese Weise konnte man durch ein Embargo für lebenswichtige Güter wie Salz oder Getreide Druck auf Könige und Fürsten ausüben.

Diese hatten ihrerseits großes Interesse an den Steuereinnahmen aus dem Handel, wurden aber von den heimischen Kaufleuten häufig bedrängt, die allzu große Macht der Hanse zu begrenzen.

Der Schutz durch Privilegien und Vergünstigungen in fremden Ländern erleichterte den einzelnen Kaufleuten den Handel über große Entfernungen hinweg – trotz der entsprechend großen Gefahren. Sie erlaubten es auch, vom Tauschgeschäft des Handels zur Geld- und Kreditwirtschaft überzugehen. Dementsprechend stieg der Bildungsstand der Kaufleute, die – ähnlich wie die Geistlichkeit und anders als große Teile des Adels – mit der Zeit über immer bessere Kenntnisse im Rechnen, Lesen und Schreiben verfügten. Für ihren Nachwuchs errichteten sie schon früh städtische Schulen. Als eine der ältesten ist die Schule in Stralsund aus dem

15. Jahrhundert erhalten geblieben. Zur Ausstattung der Handelskontore gehörten Schreibzeug, Rechenbretter, Waagen (Abb. 34) und ein Archiv. Um den gefahrvollen Transport von Bargeld zu vermeiden, benutzte man bereits Wechsel und Kreditbriefe (Abb. 35).

Organisation

Die Kaufmannschaft war nicht nur in den Hansestädten in Gilden zusammengeschlossen, die eigene Häuser – häufig Schütting genannt – unterhielten. In Lübeck wurde der 1581 erbaute Schütting der Kaufmannskompanie 1838/39 durch einen neugotischen Bau ersetzt, der jedoch in der heutigen Industrie- und Handelskammer noch die alte Diele aus der Renaissance enthält. Die Kapitäne waren

36 Geheimer Beratungssaal des Rates im Lüneburger Rathaus, 1491

in der Schiffergesellschaft organisiert und hatten ihr Haus in Lübeck in der Breiten Stra-ße 2 (Abb. 37), ganz in der Nähe der Kauf-mannschaft.

Mit der Entwicklung zur Städtehanse nahm der jeweilige Rat verstärkt Einfluss auf die Organi-sation des Handels und beriet darüber in ge-heimen Sitzungen (Abb. 36). Die Hanse als der bedeutendste Städtebund des Mittelalters war erstaunlich wenig organisiert, besaß weder feste Statuten noch ein Siegel oder ein Ober-haupt; Lübeck war in seiner leitenden Funkti-on anerkannt, ohne jedoch selbst Sanktionen erlassen zu können. Dies war allein dem Han-setag, der Vollversammlung aller Hansestädte, überlassen. Der Hansetag wurde aus gegebe-nem Anlass einberufen. Der Einladung folgten nie alle Städte, manche scheuten die hohen Reisekosten für ihre Vertreter. Deshalb waren die Beschlüsse auch nur für die anwesenden Städte bindend. Als ein Bund unabhängiger Städte war die Hanse ohne verbindliche Voll-machten und ohne Exekutive. Dennoch hatte sie aufgrund der gemeinsamen Interessen der Städte großen wirtschaftlichen Erfolg. 1557 gab man sich ein Statut mit zehn Artikeln, die laufend fortgeführt wurden.

37 Haus der Schiffergesellschaft in Lübeck, 1535

Die Waren

38 Solepumpstation einer Saline in der ,Bilderchronik von Lüneburg', 1595

DER EXPORT

Die Kaufleute der Hanse waren im nördlichen Europa die wichtigsten Träger des Warenaustausches zwischen den rohstofferzeugenden und den weiterverarbeitenden Ländern. Pelze aus Russland wurden an englische Lords verkauft, die wiederum ihre Schafswolle in Flandern absetzten, wo die im ganzen Abendland begehrten Stoffe gewebt wurden. Wachs aus den russischen Wäldern benötigte man für Kerzen und zum Dichten von Fässern, in denen der mit Salz aus Lüneburg konservierte Hering als Fastenspeise in die südlichen Länder gebracht wurde.

Salz

Beim Schwerpunkt des Handels der Hanse mit den östlichen und nordischen Ländern liegt es nahe, dass für den Export überwiegend Fertigprodukte in Frage kamen. Eine Ausnahme bildete das Salz, das zu den begehrtesten Rohstoffen des Mittelalters zählte, war es doch zum Würzen der Speisen ebenso unentbehrlich wie zum Konservieren verderblicher Nahrungsmittel wie Fisch, Fleisch oder Kohl. Zentrum der Salzgewinnung für Nordeuropa war Lüneburg, wo die Sole bis zu 26 % Salz enthält – Meerwasser dagegen enthält nur 4 bis 5 %. Man hatte die verschiedenen Salzquellen zusammengefasst und beförderte die Sole mittels mechanischer Hilfsmittel an die Oberfläche (Abb. 38).

Dort wurde sie in rund 50 für das 13. Jahrhundert überlieferten Siedehäusern in Pfannen (Abb. 39) gekocht und zu Salz eingedampft. In den je vier Pfannen der 54 Siedehäuser des Jahres 1276 produzierten mehr als 500 Arbeiter jährlich etwa 20 000 Tonnen Salz. Die Vermarktung des Salzes überließ Lüneburg aufgrund entsprechender Verträge allein Lübeck, das auf diese Weise über ein wichtiges Monopol verfügte und dies auch als Druckmittel einsetzte. Der Transport von Lüneburg nach Lübeck erfolgte zunächst

39 Siedepfanne aus Blei zum Kochen der Sole, spätes 18. Jahrhundert

mühsam auf dem Landweg, bis man im 14. Jahrhundert durch den Ausbau der Strecknitz den günstigeren Wasserweg benutzen konnte. Die Salzspeicher in Lübeck an der Trave (Abb. 40) weisen heute noch auf die Bedeutung dieses Exportgutes hin.

Tuche

Einen wesentlichen Teil des Handels der Hanse mit den Ostseeländern nahmen Textilien ein. Die kostbarsten Tuche, die in den flandrischen Städten Brügge, Gent und Ypern hergestellt wurden, waren in Farben (Abb. 41) und Muster unübertrefflich. Aus Flandern kamen auch reich reliefierte und mit Tafelgemälden ausgestattete Flügelaltäre. Sie weisen in den gemalten Szenen einige weltliche Gestalten mit besonders üppig gemusterten Gewändern auf, die man als ‚Werbung' für flandrische Stoffe deuten könnte. Zentrum des Tuchhandels war zunächst Brügge, das vom Ende des 15. Jahrhunderts an von Antwerpen abgelöst wurde. Aus England führten die Kaufleute der Hanse Wolle nach Brügge ein, daneben Pelze, Wachs, Teer, Asche und Getreide.

Eine flämische Miniatur aus dem 15. Jahrhundert stellt einen Kaufmannsladen (Abb. 42) dar, in dem Kerzen, Bürsten, Gewürze, Hüte und Tuche angeboten wurden. Brügge war auch das Modezentrum jener Zeit. Die wohlhabenden hansischen Kaufleute kleideten sich hier ein und informierten die eigene Tuchindustrie, durch die zum Beispiel das sachsen-anhaltinische Salzwedel reich wurde. Nachdem die Engländer eine eigene Tuchherstellung aufgebaut hatten, drangen sie mit ihren Produkten auf den Markt und unterbanden die Ausfuhr englischer Wolle, so dass die Kaufleute sich umorientieren mussten. Schon damals gab es einen gemeinsamen europäischen Markt mit einem schonungslosen Konkurrenzkampf. Wie heute die europäischen Staaten griffen damals die Fürsten gelegentlich ein, um für ihre Städte bessere Einnahmen zu erzielen.

40 Salzspeicher an der Trave in Lübeck

41 Färber und Tuchhändler, flämische Miniatur, spätes 15. Jahrhundert

42 Händler in einem Kaufmannsladen, Miniatur, spätes 15. Jahrhundert

Wein

Im Mittelalter war Wein ein besonders begehrtes Getränk, zumal er in einer einigermaßen genießbaren Qualität nur im Süden und Westen Deutschlands wuchs, hauptsächlich aber aus Frankreich eingeführt werden musste. Man brauchte ihn als Messwein für die

Feier des Abendmahls, vor allem aber als Tischgetränk der Wohlhabenden.

Noch heute findet man in den Hansestädten von Bremen bis Danzig eine besondere Kultur des Weintrinkens und Weinhandels, vornehmlich des Rotspon genannten Rotweins aus Frankreich. Dieser war wesentlich teurer als der deutsche Rheinwein. Nach einem Preisverzeichnis von Waren, die im Jahr 1400 an den Deutschen Ritterorden in Preußen geliefert wurden, kostete französischer Wein pro Last (etwa zwei Tonnen) 109,50 – Rheinwein dagegen nur 66 preußische Mark.

Die Miniatur eines flämischen Künstlers vom Anfang des 16. Jahrhunderts (Abb. 45) schildert sehr anschaulich die Ankunft von Wein im Hafen von Brügge. Aus einem Lastkahn im Hintergrund werden Weinfässer mit Hilfe eines großen Tretkranes an das Ufer gehoben. Aus jedem Fass entnehmen Diener eine Probe, die der Weinhändler einem vornehmen Käufer anbietet. Ein Fuhrmann steht schon bereit, die gekauften Fässer in das Haus des Käufers zu bringen. Ein Aquarell auf Pergament aus der Zeit um 1530 (Abb. 43) zeigt die Inventur einer Weinlieferung. Ein Gehilfe misst den Durchmesser des Fasses, aus dem der Kaufmann am Tisch die Inhaltsmenge errechnet, ein anderer prüft mit einem Messstab, ob das Fass auch ganz gefüllt ist.

43 Weinverrechnung, Aquarell von Hans Weiditz, um 1530

Bier

Wie aus dem erwähnten Warenverzeichnis
hervorgeht, war Bier wesentlich billiger als
Wein. Ist dort für eine Last (zwei Tonnen)
Rheinwein ein Preis von 66 preußischen Mark
notiert, kostet dieselbe Menge Bier nur 7,50
Mark. Bemerkenswert ist die ausdrückliche
Bezeichnung, dass es sich um Bier aus Wismar handelt. Dieses war im ganzen Ostseeraum wegen seiner besonderen Qualität geschätzt und eine Quelle des Wohlstands dieser Hansestadt. Wismar führte aber auch
Getreide, Mehl, graue Laken und Lüneburger
Salz aus und importierte flandrische Laken
aus Brügge, Stockfisch aus Bergen, Hering
von den Schonen sowie Holz, Stein und Kalk
von der Insel Gotland.

Ein Glasgemälde von Arnoult de la Pointe im
südlichen Querschiff der Kathedrale von Tournai (Abb. 44) stellt das Brauen des Biers in
großen Bottichen dar. Das Recht des Bierbrau-
ens zu besitzen, war ein sicherer Schritt in
Richtung Wohlstand. Biere aus Flandern hatten einen guten Ruf.

Wegen der begrenzten Haltbarkeit wurde Bier
nicht über allzu große Entfernungen gehan-
delt und damals wie heute in Fässern transportiert. Diese hatten – wie auch die Bottiche
zum Brauen – eine große Bedeutung und
brachten einem ganzen Handwerk laufend
Aufträge. Fässer benötigte man auch für den
Transport von Wein, für das Einpökeln von
Fleisch, das Einsalzen von Heringen und andere Waren.

44 Bierbrauerei,
Glasmalerei von
Arnoult de la
Pointe, um 1500,
Kathedrale von
Tournai

45 Abladen von Weinfässern mit dem Lastenkran in Brügge, Simon Bening, um 1520

DER IMPORT

Fisch

Fisch war im Mittelalter ein unentbehrliches Nahrungsmittel, vor allem in der Fastenzeit, in der der Verzehr von Fleisch verboten war. Er war aber auch das preiswerte Nahrungsmittel der kleinen Leute, die sich Fleisch nicht täglich leisten konnten. Für die Stadt Stralsund war es bald nach ihrer Gründung wichtig, vom dortigen Fürsten das Recht des Fischens auf dem Strelasund und noch vor 1300 rings um die Insel Rügen zu erhalten. Wichtige Fischgründe lagen vor den Küsten Skandinaviens, besonders vor der Halbinsel Schonen, dem norwegischen Bergen und den Lofoten. Die Meere waren damals noch nicht so stark abgefischt wie heute. Mit einfachen Netzen konnte man rasch einen guten Fang machen, wenn man auf einen Schwarm traf. Bei weit entfernten Fischgründen wurde der Fang gleich auf dem Schiff durch Einsalzen in Holzfässern konserviert. Beim Fischen in Küstennähe geschah dies an Land, für die skandinavischen Heringe zum Beispiel in Skanör und Falsterbo. Ein Holzschnitt im Buch von Olaus Magnus (Abb. 46) überliefert das Einsalzen der Fische in Fässern, wobei nicht nur Heringe, sondern auch ein Aal zu sehen sind.

46 Haltbarmachen der Fische durch Einsalzen und Trocknen, Holzschnitt, 1555

Felle

Kostbare und begehrte Artikel für die Einfuhr waren Felle, Pelze und Wachs. Die Kaufleute aus Stralsund reisten dafür in jedem Herbst nach Nowgorod. Sie hatten in der Nikolaikirche ihr eigenes Gestühl, dessen Wange erhalten geblieben ist. Ihre Reliefs sind sehr wertvoll, schildern sie doch anschaulich

47–49 Gestühl der Nowgorodfahrer, Stralsund, Nikolaikirche, Ausschnitte

die Jagd auf Pelztiere in den russischen Wäldern. Im rechten Feld (Abb. 47) sieht man die russischen Pelzjäger, wie sie mit Pfeil und Bogen oder mit Stangen die Luchse, Eichhörnchen, Marder, Zobel und Füchse erlegen. Im Mittelfeld (Abb. 48) hackt ein Russe einen Baumstamm auf, um an die Waben der wilden Bienenvölker zu gelangen – Wachs war nämlich für Kerzen und zum Dichten von Fässern unentbehrlich. Ein kleiner Bär am Fuß des Baumes labt sich indessen am Honig, sich der Gefahr durch die Jäger offensichtlich nicht bewusst, denn Bärenfell war sehr begehrt. Das Relief auf der äußersten rechten Seite (Abb. 49) stellt den Verkauf der Felle durch von links kommende russische Jäger an einen Kaufmann aus Stralsund dar. Sie bieten ihm die gebündelten Felle und einen Wachsklumpen zur Prüfung an. Im Tor der ganz rechts dargestellten Stadt Nowgorod steht ein Diener, der in der erhobenen rechten Hand wohl einst den Geldbeutel hielt. Die Pelze gingen an die englischen Landlords, diese wiederum verkauften Wolle ihrer Schafe – damals schon die beste in Europa – an die Hansen, die sie an die flandrischen Tuchmacher lieferten, von denen sie wiederum Tuche für den Handel im Ostseeraum erwarben.

Massengüter

Die wichtigsten Massengüter für den Import waren Holz und Getreide. Holz lieferten die Wälder Skandinaviens, Russlands und Preußens. Es wurde für die Herstellung von Fässern und Trögen, für den Schiffs-, Haus-, vor allem aber für den Kirchenbau benötigt. Holz benötigte man zum Brennen von Backsteinen und Dachziegeln, für Gerüste, Dachstühle, Gestühl und Altäre, als Holzkohle zur Herstellung von Blei und Eisen, zum Heizen und Kochen. Da die eigenen Wälder sich in Deutschland bald lichteten, war man auf die Einfuhr des Rohstoffes angewiesen. Getreide wurde aus dem Baltikum, aus Preußen und Polen

eingeführt und nach Skandinavien, Island und England exportiert. Die Hansestädte bezogen sogar Steinblöcke aus Skandinavien, die als Ballast im Kielraum ihrer Segelschiffe willkommen waren und deshalb Laststeine genannt wurden. Sie finden sich in den Sockeln der Kirchen wieder, wo sie das Aufsteigen der Bodenfeuchtigkeit in die sehr saugfähigen Backsteine verhindern, wurden aber auch als Kantensteine, Ziersteine und an der Wetterseite der Türme verwendet, zum Beispiel bei der Marienkirche in Stralsund (Abb. 50). Der Transport von Massengütern war von der Ladefähigkeit der Schiffe abhängig. Solange sie bei den Wikingerschiffen kaum mehr als 12,5 Lasten (25 Tonnen) betrug, lohnte er sich nicht. Erst als Schiffe mit einer Zuladung von bis zu 500 Lasten (1 000 Tonnen) entwickelt worden waren, wurde der Seehandel mit Holz und Getreide rentabel.

50 Hausteinelemente am backsteinernen Turm der Marienkirche in Stralsund

Der Transport

Der Transport über Land war ohne ausgebaute Straßen und angesichts der drohenden Gefahren durch Räuber mühsam. Die Beförderung von Massengütern wie Getreide und Holz über die Meere ließ sich aber erst durch die Entwicklung eines neuen Schiffstyps wirtschaftlich gestalten. Trugen die bis dahin üblichen Wikingerschiffe maximal 30 Tonnen, konnte die 1962 im Bremer Hafen gefunde-ne Kogge bereits 120 Tonnen laden, eine andere aus dem Jahr 1241 sogar 237 Tonnen Getreide aufnehmen. Später kamen noch größere Schiffe wie die Caraque mit bis zu 1 000 Tonnen Ladevermögen hinzu.

Landwege

Im Allgemeinen werden Hansestädte mit Küstenstädten gleichgesetzt – ein Irrtum, dem sogar die Kanzlei von Erzherzog Ferdinand von Österreich unterlag. In Wirklichkeit lagen die meisten Hansestädte im norddeutschen Binnenland, darunter so große wie Köln und Dortmund. Sie waren auch nicht immer mit Lastkähnen über Flüsse zu erreichen, so dass die Straßen eine wichtige Rolle spielten. Ein ausgedehntes Wegenetz verband die Mitgliedsstädte und ihre Handelspartner miteinander, doch war dessen Zustand nicht mit den Chausseen des 19. Jahrhunderts zu vergleichen.

Der Transport auf dem Landweg (Abb. 51) war wegen der vielen Schlaglöcher und tiefen Spurrillen meist mühevoll. Für schwere Massengüter wie Naturstein war der Landweg zu teuer. Deshalb wurden zum Beispiel Tuffsteine auf dem Wasserweg und über das

51 Weintransport, Ausschnitt aus „Allegorie des Handels" von Jost Ammann, 1585

Meer von der Eifel bis nach Ribe in Dänemark gebracht. Die Waren transportierte man in Fässern oder Ballen, häufig auf zweirädrigen Karren. Die größten Gefahren drohten von Wegelagerern, die an den bekannten Fernstraßen lauerten und vor allem einzelne Wagen ausraubten. Dies schildert Jost Ammann in seinem Holzschnitt (Abb. 52) von 1585.

Häufig war Straßenraub auch mit Mord verbunden, wovon die zahlreichen Sühnekreuze zeugen. Vor der Brücke bei Creuzburg, Thüringen (Abb. 53), erinnert ein solches Kreuz daran, dass gerade Flussübergänge außerhalb von Ortschaften besonders gefährlich waren, weil jeder Reisende sie passieren musste. Da half nur göttlicher Beistand, den man in der Brückenkapelle erflehte.

Seewege

Es gab wichtige Handelsniederlassungen, die man sowohl auf dem Land- als auch auf dem Wasserweg erreichen konnte. Dazu gehörte Nowgorod, das zunächst nur über die Ostsee, die Neva und den Ladogasee angefahren wurde. Dabei mussten die Waren in Kronstadt auf der Insel Kotlin zum ersten Mal auf kleinere Schiffe umgeladen werden, ein zwei-

53 Steinkreuz mit eingeritztem Dolch, Brückenrampe bei Creuzburg, Thüringen

tes Mal dann vor den Wolchow-Stromschnellen, von denen aus man schließlich mit Hilfe von Treidlern nach Nowgorod gelangte. Wegen dieses umständlichen Wasserweges wag-

52 Raubüberfall, Ausschnitt aus „Allegorie des Handels" von Jost Ammann, 1585

54 Historische Diele der Schiffergesellschaft in Lübeck

te es 1201 erstmals eine Gruppe von Kaufleuten auf dem Landweg durch Preußen und
die baltischen Gebiete zu reisen, wo sie wegen ihres Wagemutes wie Helden empfangen
wurden.

Von da an gab es zwei getrennte Gruppen,
die Landfahrer und die Wasserfahrer. Letztere
waren angesehener, wohl auch, weil sie vielfach nicht nur Kaufleute, sondern auch Schiffs-
eigner – manchmal allerdings nur mit Anteilen
– waren. Es gab auch Reeder und Anteilsei-
gentümer unter den Kapitänen. Diese bildeten eine besondere Gilde mit eigenen Gesell-
schaftshäusern, wovon in Lübeck (Abb. 54) ein
besonders gut erhaltenes Beispiel zeugt.

Die Seewege folgten den günstigsten Routen
und vermieden Untiefen sowie bekannte Stützpunkte von Seeräubern. Als gefährlich galt die
Umrundung der Spitzen von Jütland bei Ska-
gen und von Kap Arkona vor Rügen. Meeren-
gen wie der Öresund konnten leicht gesperrt
und mit der Abgabe von Zöllen belegt werden.

Häfen

Die bedeutendsten Häfen lagen im Mittelalter nicht direkt am Meer, wo Gefahren durch
Sturmfluten, mehr aber noch durch Seeräuber drohten. Nicht Cuxhaven an der Mün-
dung der Elbe in die Nordsee, sondern das
am fünf Kilometer weiter westlich in die Un-
terelbe einmündenden Flüsschen Schwinge
gelegene Stade war zunächst der wichtigste

**55 Historische Ansicht des Hafens von
Stade mit dem Lastenkran**

deutsche Nordseehafen. Der mittelalterliche Hafen von Stade (Abb. 55) war erstaunlich klein. Deshalb konnte er auch nicht mehr von Seeschiffen angelaufen werden, als diese wesentlich größer als die ersten Koggen waren. Dazu kam, dass die Schwinge mehr und mehr versandete. So stieg Hamburg in dem Maße auf, wie Stade stagnierte.

Einen ähnlichen Rückgang erlebte Brügge zugunsten von Antwerpen. Die Hansestädte Wismar, Rostock, Stralsund und Greifswald verdankten ihren Aufstieg in erster Linie ihren sicher gelegenen, gut anlaufbaren Häfen.

Das Beladen der Schiffe in den Häfen geschah zunächst durch Handarbeit, die hohe Bordwand überwand man über Planken (Abb. 56). In den größeren Häfen wie Hamburg setzte man deshalb bald Kräne ein, deren Aufzugsmechanismus über Treträder bewegt wurde.

56 Be- und Entladen am Hafen, Miniatur von Jean le Tavernier, um 1458–60

Der Schiffsverkehr in den bevorzugten Häfen war beachtlich. Für das Jahr vom 18. März 1368 bis 10. März 1369 sind für Lübeck 858 einlaufende und 911 auslaufende Schiffe überliefert. Bei den Herkunfts- und Zielgebieten lagen Mecklenburg, Pommern, Schonen, Preußen und Schweden an der Spitze.

SCHIFFE

Die Kogge

Der Erfolg der Hanse beruhte unter anderem auf der Entwicklung größerer Schiffe mit höherer Ladefähigkeit. Bis zum 13. Jahrhundert verwendete man in der Nord- und Ostsee die als Wikingerschiffe bezeichneten schlanken Segler, wie sie 1962 bei Roskilde gefunden worden und im dortigen Museum geborgen sind. Ihre Ladekapazität betrug meist weniger als 25 Tonnen. Der Hochseesegler von Roskilde (Abb. 57) aus dem 11. Jahrhundert ist 16,5 m lang, 4,5 m breit und sein Mittelschiff 1,9 m hoch. Die ebenfalls 1962 entdeckte Kogge im Bremer Hafen (Abb. 58) ist bereits 23,50 m lang, 7,5 m breit und hat eine Bordhöhe von 4,4 m, am erhöhten, beim Nachbau (Abb. 59) rekonstruierten Kastell sogar von 7,5 m. Sie konnte ungefähr 120 Tonnen laden. Ein Schiff, das 1241 die Abgaben der Bürger von der Insel Osel abtransportierte, nahm eine Ladung von 237 Tonnen Getreide auf. Livländische Schriftquellen des 16. Jahrhunderts berichten von Koggen mit 200 Tonnen Traglast. Kannte man bisher die Koggen fast nur von Abbildungen, mehren sich jetzt archäologische Funde, so jüngst vor der Insel Poel bei Wismar.

Der Fortschritt im Schiffsbau bestand bei der Kogge auch im Steuerruder, das zentral am Heck angebracht war und dem bis dahin üblichen Seitenruder weit überlegen war. Während der Schiffsrumpf der Wikingerboote noch offen war, erhielten die Koggen geschlossene Decks, um die Waren vor Salzwasser zu schützen.

57 Wikingerschiff mit hohem Kiel, geborgen im Fjord von Roskilde, Dänemark

58 Die Bremer Kogge, Relikt des Hochwassers von 1380

59 Bremer Koggennachbau unter Segeln

60 Historisches Modell eines Holks, so
genanntes Mataró-Modell, 1450

61 Caraque (auch Karacke), Kupferstich
des Meisters W.A., um 1475

Holk, Caraque und Galeone

Der Holk (Abb. 60) kam im 14. Jahrhundert als Schiffstyp neben der Kogge auf, war kleiner, dickbäuchig und hatte einen flachen Boden. Dadurch war er zunächst mehr für flache Gewässer geeignet. Die Vitalienbrüder verwendeten ihn gern, um sich in seichten Gewässern verstecken zu können. Mit der Zeit wurde der Holk immer größer gebaut und ersetzte schließlich im Lauf des 15. Jahrhunderts die Kogge weitgehend, übernahm aber den typischen Koggen-Kiel. Seine Ladefähigkeit betrug mehr als 300 Tonnen, er blieb bis in das 17. Jahrhundert das am meisten verwendete Schiff der Hanse. Am Ende des 15. Jahrhunderts kam ein noch größeres Schiff auf, das man zunächst als Kraweel, dann als Caraque (Abb. 61) bezeichnete. Es stammte aus Italien und wurde durch einen Zufall in die Hanse eingeführt, als die Kraweel ‚Peter von La Rochelle‘ 1462 in Danzig von ihrem Kapitän aufgegeben, von der

Hanse erworben und zum Nachbau als Caraque verwendet wurde. Sie war 43 m lang, 12 m breit und konnte 1 225 Tonnen laden. Derartig große Schiffe hatten jetzt einen Fock-, Groß- und Besanmast sowie mehrstöckige Kastelle am Bug und Heck.

62 Galeone, aquarellierte Federzeichnung
Hans Holbeins d. J., um 1533

63 Gemälde der „Adler", des Lübecker Flaggschiffs, zweite Hälfte 16. Jahrhundert. Kapitänssalon der Lübecker Schiffergesellschaft

Als die aus Spanien stammende Galeone (Abb. 62) auf den nordöstlichen Meeren erschien, neigte sich die Blütezeit der Hanse schon ihrem Ende zu. Ursprünglich ein spanisches Kriegsschiff, wurde die Galeone für die Kaufleute umgerüstet, hatte einen niedrigen Bug und ein hoch gelegenes Heck.

Weitere Schiffstypen

Die Größe der hansischen Flotte kann man nur schätzen. Im 15. Jahrhundert soll sie 1000 Schiffe mit 60 000 Tonnen Ladefähigkeit umfasst haben und war damit die größte Seemacht in der Nord- und Ostsee. Alle Schiffe waren für den Transport von Waren vorgesehen, Passagier- oder Kriegsschiffe besaß die hansische Flotte dagegen nicht. Musste die Hanse Machtmittel einsetzen, pachtete sie Handelsschiffe und rüstete sie auf ihre Kosten mit Waffen – vor allem Kanonen – aus, wie etwa eine portugiesische Karavelle oder – sogar in doppelten Reihen übereinander – das Flaggschiff von Lübeck aus der zweiten

Hälfte des 16. Jahrhunderts (Abb. 63). Neben den großen hochseetüchtigen Schiffstypen gab es eine Vielzahl kleiner Schiffe für den Verkehr in seichten Gewässern, Flüssen und Häfen. Noch seefähig waren die mittelgroßen Kraier und Ewer. Die Schnigge und die Schute konnten auf Flüssen gesegelt oder bei Flaute auch gerudert werden.

Noch kleiner und mit flachem Boden ausgestattet waren die Prahme sowie die Balinger und Bussen. Barken und Schleppkähne verwendete man für das Löschen der Ladung der auf Reede ankernden Seeschiffe und für den Weitertransport auf Flüssen. Der Schiffsbau war ein bedeutender Wirtschaftszweig und diente auch dem Export. In allen Hafenstädten der Hanse gab es die Lasta genannten Schiffswerften. In Stralsund steigerte sich die Zahl der Eigentümer von Werftgelände von 9 im Jahr 1400 auf 11 im Jahr 1411 und auf 13 wenige Jahre später, woraus das Wachstum dieses Handwerks zu erkennen ist.

Kriege und Gefahren

War der Landweg im Mittelalter mühsamer als der Seeweg, lauerten hier jedoch noch größere Gefahren, vor allem durch die Unbilden der Natur, denen die für heutige Verhältnisse kleinen Schiffe bei Stürmen und hohem Seegang hilflos ausgesetzt waren. Doch auch Kriege und Piraten bedrohten den Handel. Deshalb versuchte die Hanse den Städtebund als Schutzmacht aufzubauen. Sie strebte aber nie danach, ihren Einfluss auf politische Angelegenheiten auszudehnen. Allein die Sicherung des Handels war ihr Ziel.

Die Hanse strebte nie danach, eine Großmacht zu werden und eine eigene Territorialpolitik zu betreiben. Das wäre ihr auch nicht möglich gewesen, da die Mehrzahl ihrer Mitgliedsstädte mehr oder weniger unter der Herrschaft von Territorialherren stand, die dies nicht geduldet hätten.

Lediglich Lübeck, Hamburg und Bremen gelang es mit der Zeit, zu reichsfreien Städten aufzusteigen. Zunächst versuchten die Grafen von Holstein, dann auch die Könige von Dänemark, dies zu verhindern. Gerade letztere gaben immer wieder Anlass zu kriegerischen Verwicklungen der Hanse, die aber nicht immer geschlossen handeln konnte, weil die Landesherren der Städte unterschiedliche Interessen hatten. Lübeck unterstützte andere Städte in ihren Bestrebungen nach größerer Selbständigkeit, so Wismar, Rostock und Stralsund, mit denen es 1265 ein (1299 auf unbestimmte Zeit verlängertes) Bündnis schloss.

Da diese Städte sich nicht völlig von der Landesherrschaft befreien konnten, durfte zum Beispiel Wismar Lübeck nicht beim Kampf gegen die Vitalienbrüder unterstützen, musste diesen sogar Unterschlupf gewähren, da die Seeräuber die Fürsten von Mecklenburg im Erbfolgekrieg gegen Schweden unterstützten. Entscheidend für den Ausgang der Kriege waren die Seeschlachten. Anfangs spielte das Entern des gegnerischen Schiffes die wichtigste Rolle (Abb. 64), wofür sich die hoch liegenden Kastelle an Bug und Heck als Vorteil erwiesen. Später gab die Bestückung mit Kanonen den Ausschlag, wer siegreich blieb.

64 Seekrieg auf Koggen, Marginalienillustration in einer englischen Handschrift, um 1315

65 Angebliches Portrait des berüchtigten Seeräubers Störtebeker, Kupferstich, 1696

Seeräuber

Seeräuber stellten schon immer eine Gefahr dar. Anfänglich waren es vor allem die Normannen oder Wikinger, die nicht nur Schiffe, sondern auch Häfen überfielen. Doch erst im

66 Seeschlacht mit Störtebeker 1401, Holzschnitt eines Liedblattdruckes, 1566

letzten Viertel des 14. Jahrhunderts wurden sie zu einer wirklichen Bedrohung, weil sie von den Herzögen von Mecklenburg für die Durchsetzung ihrer Ansprüche auf den dänischen und den schwedischen Thron missbraucht wurden. Nach dem Tod des dänischen Königs Waldemar wollte Albrecht von Mecklenburg dessen Nachfolge antreten, unterlag aber Margarete, die von der Hanse als Regentin anerkannt wurde. Dagegen versuchten die Mecklenburger durch einen Kaperkrieg anzugehen, in den auch Hanseschiffe einbezogen waren. Deshalb wurde auf dem Hansetag beschlossen, den Kampf gegen die Seeräuber mit Kriegsschiffen aufzunehmen. Da Wismar und Rostock sich nicht anschließen durften, endete die Aktion jedoch bald ohne Ergebnis. Nachdem es Margarete gelungen war, auch Norwegen und Schweden unter ihre Herrschaft zu bringen und Albrecht von Mecklenburg gefangen zu nehmen, rief dessen Land erneut zum Kaperkrieg gegen Skandinavien auf und versprach, „allen denjenigen, die auf eigene Gefahr auslaufen, das Reich zu Dänemark zu schädigen", seine Häfen zu öffnen.

Dieser Aufruf hatte einen großen Erfolg nicht nur bei allerhand Abenteurern und Dieben, sondern auch beim mecklenburgischen Adel, der die Führung übernahm. Ihre Basis hatten die Seeräuber zunächst in Rostock und Wismar, wo der berühmteste von ihnen – Klaus Störtebeker (Abb. 65) – 1380 urkundlich erwähnt wurde, weil er in eine Schlägerei verwickelt war. Jahrhunderte lang wurde Klaus Störtebeker mit einem Portrait abgebildet, das in Wirklichkeit Kuntz von der Rosen, Berater Kaiser Maximilians I., wiedergibt, also ein Jahrhundert später entstanden ist. Ein Holzschnitt von 1566 (Abb. 66) zeigt ihn inmitten einer Seeschlacht mit einer durch die Barttracht und das vorgereckte Kinn flüchtigen Ähnlichkeit zum Portrait des von der Rosen. Auch der zweite berühmte Seeräuber, Godecke Michels, wird in Schriftquellen Wismars von 1385 erwähnt. Beide waren Anfüh-

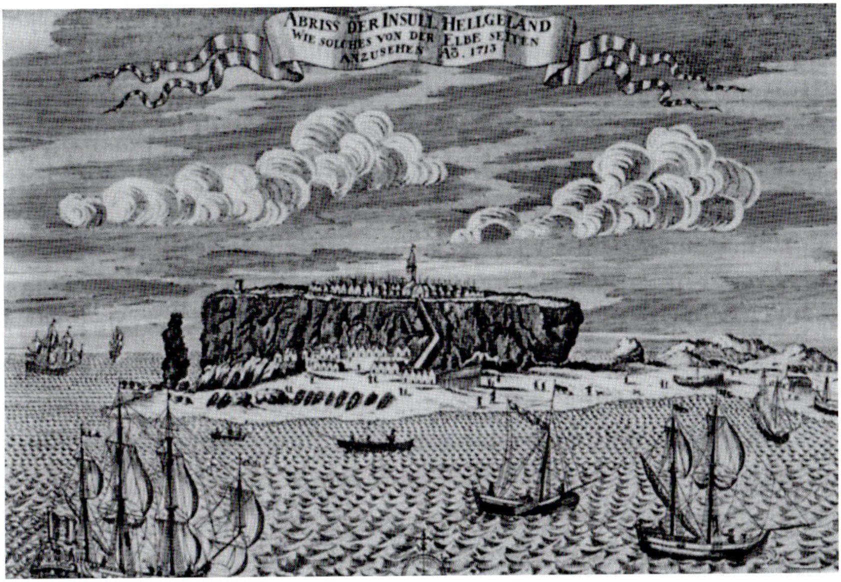

67 „Abriss der Insull Hellgeland ...", Kupferstich, 1714

68 Ansicht von Marienhafe, Stahlstich nach einem Aquarell von A. v. Haarlem von 1823

rer der Vitalienbrüder, deren Bezeichnung aus dem Hundertjährigen Krieg Frankreichs gegen England stammt. Die ‚vitailleurs' waren ein Kriegsvolk, dem die Versorgung der Heere mit Nahrungsmitteln und Waffen übertragen war. So mögen die Vitalienbrüder, zuerst im Auftrag des Herzogtums Mecklenburg, die Versorgung der ihm treu gebliebenen Städte wie Stockholm übernommen, die Kosten dafür durch Kapern von Schiffen aufgebracht haben. Nachdem jedoch im Frieden von Skanör 1395 Herzog Albrecht freigegeben und die Verwaltung von Stockholm für drei Jahre an sieben Hansestädte übergeben worden war, gab es für den Kaperkrieg der Vitalienbrüder keine

noch so zweifelhafte Legitimation mehr. Diese wollten das lukrative Geschäft jedoch nicht aufgeben und setzten es von Visby auf Gotland aus fort. Nachdem sie aus der gesamten Ostsee mit Hilfe der überlegenen Flotte des Deutschen Ordens – mit 84 Schiffen und 4 000 Bewaffneten – vertrieben worden waren, machten sie Helgoland (Abb. 67) zu ihrem Stützpunkt. Das war nur möglich, weil Herzog Albrecht von Holland die Vitalienbrüder unterstützte, um Hamburg zu schaden, mit dem er sich in einer Fehde befand. Auch jenseits des Dollart fassten die Vitalienbrüder Fuß, unterstützt von ostfriesischen Führern. Den Hafen von Marienhafe, das damals noch

69 Hinrichtung Störtebekers, Flugblatt zum vermuteten 300. Jahrestag 1701

70 Die Hl. Gertrud rettet Schiffbrüchige, Gertrudenaltar, um 1500, St. Cosmae und Damian, Stade

direkten Zugang zum Meer hatte, sollen sie als Schlupfwinkel benutzt haben. Der Sage nach soll Störtebeker sein Schiff am dortigen Kirchturm (Abb. 68), der heute noch seinen Namen trägt, festgemacht haben.

Schon bald nach ihrer Vernichtung rankten sich Legenden um die Vitalienbrüder. Man nannte sie auch die Likendeeler, weil sie angeblich ihre Beute zu ‚liken Deelen' – das heißt gleichen Teilen – unter sich aufteilten. Das trug dazu bei, dass man sie zu Sozialhelden, als Beschützer aller Unterdrückten und aus der Gesellschaft der reichen Handelsleute Ausgestoßene stilisierte. Als sie zur unerträglichen Plage für die Stadt Hamburg wurden, bot diese eine überlegene Flotte auf und besiegte Klaus Störtebeker im Jahr 1400 in der Seeschlacht bei Helgoland, tötete 40 seiner Gesellen und nahm 70, darunter auch Störtebeker selbst, gefangen.

Er wurde zusammen mit einer größeren Schar angeklagt und auf dem Grasbroke genannten, der Stadt vorgelagerten Eiland hingerich-

tet (Abb. 69). Bereits 1402 entstand in romantischer Verklärung das erste Lied über Klaus Störtebeker, Godeke Michels und ihre Taten. So soll Störtebeker als letzten Willen den Wunsch geäußert haben, dass alle die Gefährten begnadigt werden sollten, an denen er noch mit abgeschlagenem Haupt vorbeilaufen konnte, was ihm bei einer größeren Zahl gelungen sein soll. Mit der Seeräuberplage war es jedoch zu Ende.

Stürme

Die größten Gefahren für den Seehandel bildeten die Naturgewalten, Stürme, hoher Seegang sowie Klippen und Untiefen. Bei einem Schiffbruch auf hoch gehender See blieb der Besatzung nur noch das Gebet, wie ein Tafelgemälde des Gertrudenaltars in Stade (Abb. 70) aus der Zeit um 1500 anschaulich schildert. Mit gebrochenen Masten und zerfetztem Tauwerk treibt das Schiff hilflos auf hoher See. Eine zweihundert Jahre ältere Miniatur stellt die Besatzung in einer so großen Panik dar, dass man die kostbare, aus Goldschmiedegeräten bestehende Ladung über Bord wirft (Abb. 71). Der Verlust eines Schiffes konnte für einen Kaufmann den Ruin bedeuten, wenn er sein Vermögen in den Eigentumsanteil und die Ladung investiert

71 Abwurf von Fracht bei Sturm, Miniatur, Ende 13. Jahrhundert

72 Wandgemälde im Rathauskeller in Wismar, frühes 14. Jahrhundert

hatte. Da man trotz Navigation mit Kompass und Leuchtfeuern auf den Kirchtürmen letztlich den Naturgewalten ausgesetzt war, versuchte man wenigstens, die Verluste infolge von Kriegen und Seeräuberei einzugrenzen. Dass es auf See trotz aller Gefahren aber auch fröhlich zugehen konnte, vermittelt uns ein Wandgemälde im Keller des Rathauses von Wismar (Abb. 72). Ein ausschweifendes Gelage mit reichlichem Weingenuss bekam allerdings nicht allen gut. Mancher musste sich – vielleicht verstärkt durch die Seekrankheit – über die Reling beugen und dem Meeresgott opfern (Abb. 62).

Konkurrenz

Die Anstrengungen der Hanse zur Ausweitung und Sicherung des Handels dürfen nicht als Streben nach einem freien Handel missverstanden werden, sie dienten ausschließlich den eigenen Interessen. Wo es irgend möglich war, bemühte man sich, die Konkurrenz auszuschalten. Als die einheimischen Kaufleu-

te in Brügge unter den Privilegien litten, welche die Grafen von Flandern den Hansen gewährt hatten, und sie deshalb immer häufiger verletzten, antwortete die Hanse 1280 mit einer Handelssperre und verlegte ihr Kontor nach Aardenburg. Da sich auch die anderen ausländischen Kaufleute dem Boykott anschlossen, erlitt Brügge großen wirtschaftlichen Schaden und musste nach zwei Jahren nicht nur die alten Privilegien bestätigen, sondern auch neue gewähren. Eine weitere Kraftprobe erfolgte 1284 mit Norwegen, wo man ebenfalls der Meinung war, dass die Privilegien der Deutschen zu groß seien und der König begann, sie zu beschneiden. Die Hanse antwortete mit einem Handelsembargo für Getreide, Mehl, Gemüse und Bier. Da die Norweger nicht in der Lage waren, sich ohne Einfuhr von Getreide zu ernähren, entstand eine Hungersnot, schließlich musste man sich den Forderungen der Hansestädte beugen. Bei so viel Rücksichtslosigkeit im Durchsetzen eigener Vorteile musste das Pendel eines Tages zu rückschlagen. Sobald die ausländischen Fürsten nicht mehr auf die Kredite der Hanse angewiesen waren, sondern diese von den eigenen, zu Wohlstand gelangten Städten erhalten konnten, entzogen sie der Hanse Vorteile oder vertrieben sie ganz. So verfuhr zum Beispiel die englische Königin Elisabeth 1598 mit dem Kontor in London – späte Rache für die Sperrung der Zufahrt in die Ostsee für englische Kaufleute, welche die Hanse auf dem Höhepunkt ihrer Macht auf diese Weise vom Osthandel ausgeschlossen hatte. Ähnlich erging es der Hanse auch mit den Niederländern, welche sie vom 16. Jahrhundert an immer stärker von den Märkten verdrängten.

Backstein-Technik

Dieses Kapitel behandelt die Herkunft, Verbreitung und Produktion von Backsteinen, Formsteinen und Schmuckelementen, aus denen die Bauwerke der Backsteingotik zusammengefügt sind.

– *Heimisches Baumaterial*
– *Ausbreitung des Backsteins*
– *Handstrichsteine*
– *Schmuckformen*

Heimisches Baumaterial

Die ersten, von christlichen Missionaren errichteten Kirchen bestanden aus Holz, das wegen Brandgefahr bald durch Stein ersetzt werden musste. Vor Ort gab es gelegentlich Raseneisenstein und Ortgestein, reichlicher aber Granitfindlinge, die in der Eiszeit mit Gletschern aus Skandinavien in das Küstengebiet von Nord- und Ostsee gelangt waren.

Als die größeren Steine verbaut waren, setzte man überall da rheinischen Tuffstein ein, wo er kostengünstig auf dem Wasserweg herangeschafft werden konnte.

Holz als erster Baustoff

Die Kirchenbauten der ersten Mission wurden wohl durchweg aus Holz erbaut, doch wissen wir über ihre Gestalt wenig. Man hat eine Reihe von Holzkirchen bei Grabungen im niedersächsischen Küstengebiet entdeckt. In Feddersen-Wierde nördlich von Bremerhaven sind allerdings nur noch die Spuren der Holzpfosten vorhanden, desgleichen in Tostedt, wo eine Schwelle oder Schwellmauer fehlte (Hans Josef Böker, „Die mittelalterliche Back-

steinbaukunst Norddeutschlands", Darmstadt 1988, S. 9).

Man muss bei den frühen Kirchenbauten von einer relativ primitiven Holzbauweise analog zum Hausbau ausgehen. So bald wie möglich wurden diese Kirchen durch Massivbauten aus Naturstein ersetzt – zum einen wegen der größeren Beständigkeit gegen Brand und Verwitterung, zum anderen, weil man für Sakralbauten das edlere Material Stein bevorzugte. So hat Bonifatius seine erste, 724 aus dem Holz der von ihm gefällten Donar-Eiche erbaute Kapelle im hessischen Geismar bereits 735 durch einen Steinbau ersetzen lassen, von dem er weissagte, dass dieser nie durch Feuer zerstört werden würde.

Für den Dom in Lübeck ist überliefert, dass er unmittelbar nach Gründung der Stadt durch Heinrich den Löwen zunächst aus Holz erbaut und 1170 geweiht worden ist. Auch die 1163 als ‚ecclesia forensis' urkundlich genannte Marienkirche war ein Holzbau. Über ihre Gestalt ist wenig bekannt, mehr dagegen über die hölzernen Vorgängerbauten des Domes in Verden (Aller), Niedersachsen (Abb. 1), bei denen zumindest die Grundrisse durch Grabungen ermittelt werden konnten. Danach war die erste, 849 erwähnte Holzkirche ein schlichter, jedoch bereits dreischiffiger Rechteckbau.

Nach der zweiten Zerstörung der Verdener Kirche durch Brand wurde 933–62 unter Bi-

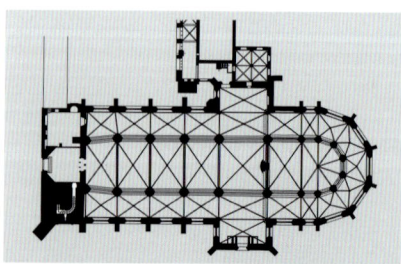

1 Verden (Aller), Dom, Grundriss

2 Raseneisenstein hat eine schwarz-braun schimmernde Oberfläche, Turm der Dorfkirche in Mandelsloh

schof Amelung eine zweite, größere Holzkirche errichtet, deren Grundriss mit einem eingezogenen Rechteckchor und schmalerem Westbau bereits differenzierter angelegt war. Auch diese wurde ein Raub der Flammen, was die Anfälligkeit von Holzbauten unübersehbar deutlich werden ließ. Deshalb führte man den dritten, 1028 geweihten Dombau, in Naturstein (Raseneisenstein) auf. Bei seinem Umbau in der Zeit um 1150 wurde, zusammen mit der Johannis- und der Andreaskirche, erstmals Backstein verwendet, erhalten im Südwestturm in den fünf romanischen Obergeschossen über Untergeschossen aus Portasandstein. Ein weiterer Brand 1267 war der Anlass zum Bau des heutigen Domes, für den 1290 der Grundstein gelegt wurde. Diesmal beseitigte man die letzten brandgefährdeten Teile – die Holzdecken – und ersetzte sie durch steinerne Gewölbe. Wahrscheinlich waren auch die ersten Notkirchen der Kolonisationsstädte Wismar, Rostock, Stralsund und Greifswald aus Holz gebaut, wurden aber bald durch stattliche Backsteinbauten ersetzt. Bei der Verlegung des Bistums von der Burg Mecklenburg nach Schwerin durch Heinrich den Löwen (um 1167/71) fand man einen bereits bestehenden Kirchenbau vor, der wahrscheinlich noch aus Holz errichtet war.

Raseneisenstein

Unter Raseneisenstein versteht man ein stark eisenerzhaltiges Gestein, das in der norddeutschen Tiefebene an einigen Stellen unter Erdbodenschichten abgebaut werden kann. Der Turm der romanischen Dorfkirche von Mandelsloh (Abb. 2) nordwestlich von Hannover etwa wurde aus Raseneisenstein erbaut. Die Grobheit des Mauerwerks weist darauf hin, wie schwer dieses Material zu bearbeiten war. Deshalb ging man beim Bau des Langhauses um 1180 zur Verwendung von Backstein über. Der erste in Stein errichtete Bau des Domes von Verden bestand ebenfalls aus Raseneisenstein, auch hier wechselte man bei seinem Umbau zum Backstein.

3–5 Sorgfältig geschichtete Feldsteine und Fugenstriche, Dorfkirche in Brohm

Granit

Mit den Gletschern der Eiszeit war Granitgestein unterschiedlicher Größe in das norddeutsche Küstengebiet gelangt. Für die einfachen romanischen Dorfkirchen verwendete man in der Feldmark aufgelesene Feldsteine, die einfach zu beschaffen, aber in ihrer Form nur schwer zu verarbeiten waren. Nur mit großen Mengen an Kalkmörtel ließ sich ein haltbares Mauerwerk herstellen. Dabei gab man sich bei den frühen Bauten besondere Mühe, die Findlinge sorgfältig in horizontalen Schichten zu vermauern, wie das Beispiel der Dorfkirche von Brohm, Kreis Mecklenburg-Strelitz (Abb. 3, 4, 5), zeigt.

Die rustikale Erscheinung von Feldsteinmauerwerk ist in unserer Zeit allzu perfekter Baustoffe zwar sehr beliebt, im Mittelalter aber galt Feldstein für einen Sakralbau als zu erdgebunden. Deshalb versuchte man durch

Auftragen einer dünnen, weißen Kalkschlämme eine Veredelung zu erreichen. In Brohm wurden auf diese mit roter Farbe doppelte Fugenstriche aufgemalt, deren Verlauf durch Ritzlinien gekennzeichnet ist. Bei allzu buckligen Steinen schlug man den vorderen Kugelteil ab.

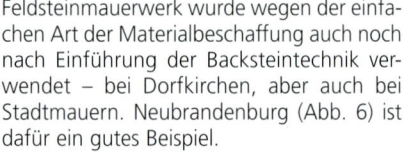

6 Buckliger Granitstein an der Stadtmauer in Neubrandenburg

7 Bearbeiteter Granit an der Zisterzienserabtei Zinna

Feldsteinmauerwerk wurde wegen der einfachen Art der Materialbeschaffung auch noch nach Einführung der Backsteintechnik verwendet – bei Dorfkirchen, aber auch bei Stadtmauern. Neubrandenburg (Abb. 6) ist dafür ein gutes Beispiel.

Je wohlhabender ein Bauherr war, um so mehr Sorgfalt konnte er auf die Bearbeitung der spröden Granitsteine verwenden. Die Mönche der Zisterzienserabtei Zinna in Brandenburg (Abb. 7) ließen die Granitblöcke so stark bearbeiten, dass daraus gleich hohe, nach außen glatte Quadersteine wurden.

Der Nachteil harter Gesteine wie Granit ist, dass sie mit den einfachen Geräten des Mittelalters nur sehr schwer zu bearbeiten waren. Dennoch hat man sie, unter großer Anstrengung, für die Fenster- und Portaleinfassungen von romanischen Kirchen verwendet. Bei anspruchsvolleren Bauten bemühte man sich sogar, durch das Spalten großer Granit-

steine Quader mit glatter Oberfläche herzustellen.

Die romanischen Dorfkirchen im heutigen Niedersachsen, in Schleswig-Holstein und Mecklenburg-Vorpommern sind bis in das zweite Viertel des 13. Jahrhunderts meist aus Granitfindlingen errichtet worden. Später war das in der Feldmark aufgelesene oder durch die Plünderung vorgeschichtlicher Steingräber gewonnene Material zum einen erschöpft, zum anderen aber auch für die Profile, den pflanzlichen und figürlichen Schmuck der frühgotischen Baukunst nicht mehr zu gebrauchen.

Noch ausgefeilter ist die Herstellung von Granitquadern für eine Reihe von norddeutschen Kirchen vorgenommen worden. Es ist erstaunlich, wie es bei dem sehr harten Material und den so primitiven Werkzeugen gelingen konnte, so exakte Quader herzustellen, dass zum Beispiel bei der Dorfkirche von Butt-

8 Exakt gefugtes Granitmauerwerk an der Buttforder Kirche

9, 10 Vorn geglättete, nach hinten noch runde Granitsteine, Dorfkirche in Waddewarden

forde, Niedersachsen (Abb. 8), ein fast fugenloses Mauerwerk entstand.

Dennoch ist die Haltbarkeit solcher Bauten nicht so groß, wie man es bei der Dauerhaftigkeit von Granit annehmen möchte. Das Problem besteht nämlich im mangelhaften Auflager der Granitquader, die nur an der Vorderfläche und den etwa 12–15 cm breiten Seitenstreifen geglättet sind, nach innen aber den kugeligen Teil beibehalten haben, wie man nach dem Einsturz eines Mauerteils der Dorfkirche von Waddewarden, Niedersachsen (Abb. 9), sehen konnte. An den Steinen (Abb. 10) erkennt man die Form, die etwa romanischen Würfelkapitellen gleicht.

Die großen Granitfindlinge wurden gespalten, nachdem zunächst eine Reihe von Bohrlöchern angebracht worden waren, die etwa an der Stadtkirche von Wildeshausen, Niedersachsen (Abb. 11), noch gut auszumachen sind. Bei der Beschaffung der dafür erforder-

11 Bohrlöcher an der Stadtkirche von Wildeshausen

12 Großsteingräber dienten der Steingewinnung, wie hier in Osterholz-Scharmbeck, wo man die Bohrlöcher für die Spaltung sehen kann.

13 Am Portal der Kirche von Kavelstorf sind die geraden Flächen in Granit, die komplizierte Rundung in Backstein gearbeitet.

lichen großen Blöcke plünderte man auch Großsteingräber.

Bei einem Großsteingrab am Stadtrand von Osterholz-Scharmbeck, Niedersachsen (Abb. 12), hatte man bereits Bohrlöcher geschaffen, gab aber aus unbekannten Gründen die Sprengung auf. Sie erfolgte meist durch Einschlagen trockener Holzkeile, die man nass machte, oder im Winter durch gefrierendes Wasser.

Während im nördlichen Niedersachsen und in Schleswig-Holstein zahlreiche Granitquaderkirchen vorkommen, sind sie in reiner Form in Mecklenburg-Vorpommern selten anzutreffen. Beim südlichen Turmportal der Dorfkirche von Kavelstorf, Kreis Bad Doberan, hat man sich allerdings bemüht, wenigstens die Gewändesteine als Granitquader auszubilden. Auch die Zisterziensermönche von Dargun, Kreis Demmin, haben beim Bau des Nordflügels ihrer Klausur Granitquader verbaut – und das in größeren Mengen, woran sich einmal mehr das technische Können dieses Ordens zeigt. Gerade am Beispiel von Kavelstorf (Abb. 13), ist zu erkennen, dass man mit Granitfindlingen keine komplizierten Bauformen gestalten konnte und deshalb zu einem neuen Material – hier dem Backstein – übergehen musste.

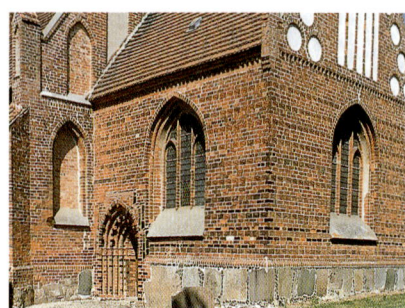

14 Dorfkirche von Steffenshagen. Oftmals war der Sockel des Baus aus Granit, um Bodenfeuchtigkeit abzuhalten.

Auch nach Einführung und flächendeckender Verbreitung der Backsteintechnik wurde weiterhin Granit verwendet, gern vor allem im Sockelbereich, wie z. B. in Steffenshagen, Kreis Bad Doberan (Abb. 14), um aufsteigende Bodenfeuchtigkeit abzuhalten, die den porösen Backstein leicht durchdringen, durchsalzen und, verstärkt durch Frosteinwirkung, zerstören

15 In der Nähe von Wasserwegen verwendete man den weichen rheinischen Tuff, wie hier an der Kirche in Oudega, Niederlande.

kann. Der sehr feste und dichte Granit wirkt dagegen wie eine Horizontalsperre. Die in den Hansestädten an der Ostseeküste anzutreffenden Granitquader bei Fundamenten, im Sockelbereich und an Turmkanten großer Gebäude werden auch Laststeine genannt, weil sie als Beiladung im Kielraum der Segelschiffe aus Skandinavien herbeigeschafft wurden.

Tuffstein

Als man im Laufe des 12. Jahrhunderts eine Bereicherung der Bauformen in Gestalt von Lisenen, Bogenfriesen und Laibungsprofilen anstrebte, dafür aber weder Raseneisenstein noch Granit verwenden konnte, behalf man sich überall da, wo man Anschluss an das Wasserwegenetz hatte, mit rheinischem Tuffstein. Man sieht diesen Stein unter anderem beim Dom in Schleswig (um 1160), bei der Dorfkirche von Arle, Niedersachsen (Abb. 16) oder der Kirche von Oudega, Niederlande (Abb. 15). Der Transport von Tuffstein auf dem Landweg kam aus Kostengründen nicht in Frage.

Da Tuff beim Abbau sehr weich ist, kann er mit eisernen Bandsägen zu regelmäßigen Formaten zugeschnitten werden, die denen von großen Backsteinen gleichen. Mit diesem Material ist es möglich, Bogenfriese und andere Gliederungselemente zu mauern; für Kapitelle, figürliche oder pflanzliche Ornamente eignet es sich aber nicht. Tuffstein verwittert außerdem sehr leicht und muss deshalb in unserer Zeit in vielen Fällen erneuert werden, wie man am Beispiel der Kölner Kirchen feststellen kann. Vor allem aber schränkten im Mittelalter

16 Tuffstein an der Dorfkirche von Arle

die Kosten des Transports auch auf dem Wasserweg die Verbreitung von Tuff ein. Das nördlichste Beispiel für einen Tuffsteinbau dürfte der 1150 begonnene Dom von Ribe in Dänemark sein, das südlichste der um 1159–1205 aus Kalktuff begonnene Dom in Freising, Bayern. In der Nähe großer Flüsse findet man auch Sandstein von der Porta Westfalica (z. B. in Verden, Untergeschosse des südlichen Domturms) oder Dachsteine aus Sollingplatten (z. B. in Blexen, Unterweser). Der Kalkstein für den Westbau der Marienkirche in Stralsund wurde mit Schiffen aus Schweden herbeigeschafft.

Ausbreitung des Backsteins

17, 18 Ziegel war der verbreitetste Baustoff des Römischen Reiches: Forum Romanum und Caracalla-Thermen, Rom

Der Backstein gehört zu den ältesten Baumaterialien der Menschheit, er war vor allem im Römischen Reich sehr verbreitet. Von Oberitalien aus gelangte er um die Mitte des 12. Jahrhunderts in Norddeutschland zuerst nach Verden und Jerichow. Seine flachen Grünlinge waren hier noch aus dem Lehm geschnitten und an der Außenfläche geriefelt. Der Brand erfolgte in primitiven Feldbrandöfen, bei denen noch viel Ausschuss entstand. Sonderformen wie Kapitelle mussten einzeln zugeschnitten oder nach dem Brand mit dem Meißel zugehauen werden.

Herkunft

Als eines der ältesten Baumaterialien der Menschheit taucht der Backstein erstmals in der so genannten Happara-Kultur am Indus und im altbabylonischen Reich auf. Das Ischtartor aus Babylon aus der Zeit um 570 v. Chr., heute in den Staatlichen Museen zu Berlin, weist bereits glasierte Backsteine auf. In Europa sorgten vor allem die Römer für die Verbreitung der Backsteinbaukunst, die in den eroberten germanischen Gebieten innerhalb des Limes bei Kastellbauten, Thermen und Palästen Anwendung fand.

Von Kaiser Augustus wird berichtet, er habe Rom als eine Backsteinstadt angetroffen und als eine Marmorstadt hinterlassen. Diese Entwicklung kann man heute noch beim Blick in die Ruinen des Forum Romanum (Abb. 17) nachvollziehen. Nachdem das Gelände jahrhundertelang als Steinbruch missbraucht worden war – wobei man natürlich auf Marmor aus war – kam irgendwann der Backsteinkern zum Vorschein. Backstein war der ideale Baustoff für das Römische Reich und seine gewaltigen Bauvorhaben in Europa und Vorderasien.

Ohne den Backstein hätte man die riesigen Caracalla-Thermen von Rom (Abb. 18) nicht in so kurzer Zeit, nämlich von 206 bis 216, erbauen können. Doch versteckte man die Backsteine auch hier hinter Marmorplatten und Putz, was anhand der Reste deutlich wird. Der römische Architekt Vitruv behandelt im zweiten Buch seiner zur Zeit des Kai-

19 Kennzeichen für römische Ziegel ist die geringe Höhe, wie hier an den Resten des frühchristlichen Trierer Domes

sers Augustus verfassten „Zehn Bücher über Architektur" im Kapitel 3 auch den Ziegel, meint dort aber nur den getrockneten Lehmziegel. Auf gebrannte Ziegel geht er in Kapitel 8 des zweiten Buches ein und betont die bessere Haltbarkeit und Belastbarkeit gegenüber dem ungebrannten Lehmziegel.

Die Römer brachten den Backstein auch in die Provinz Germania. Die großartigsten Reste ihrer Bauten finden sich in Trier, zum Beispiel in der um 305 als Palastaula Kaiser Konstantins d. Gr. errichteten Basilika (Abb. 20) oder im Neubau des frühchristlichen, von Kaiser Gratian (375–83) erneuerten Vorgängerbaus des Domes (Abb. 19). Hier wird deutlich, dass die Römer sehr flache Backsteine bevorzugten und diese häufig im Wechsel mit Natursteinschichten vermauerten. Für Entlastungsbögen eigneten sich die flachen Ziegelsteine besonders gut. Neben der vor allem in Norddeutschland verbreiteten Bezeichnung ‚Backstein' gibt es in einigen Landschaften auch die Bezeichnung ‚Ziegelstein' oder ‚Dachziegel', auch spricht man von ‚Ziegelton' und ‚Ziegelstempel', nicht nur in Bezug auf das Material zum Dachdecken. Nach Ende des Römischen Reiches brach die Tradition des Backsteinbaus wieder ab, wurden die römischen Bauten lediglich als Steinbrüche benutzt. Bis zur Mitte des 12. Jahrhunderts waren sie kein

Vorbild für den romanischen Kirchenbau. In der Zeit um 1150 aber trat plötzlich der Backsteinbau in mehreren europäischen Ländern so auffallend gleichzeitig und häufig auf, dass man einen zugrunde liegenden Konzilsbeschluss vermuten kann.

20 Die Palastaula Kaiser Konstantins, Trier, ein mächtiger römischer Backsteinbau nördlich der Alpen

In Oberitalien hat der Backsteinbau von der Antike bis zur romanischen Baukunst eine ununterbrochene Tradition. Beim Bau des so genannten Mausoleums der Galla Placidia in

21 Mausoleum der Galla Placidia, Ravenna, um 450, mit relativ großformatigen Backsteinen und Lisenen-Bogen-Gliederung

Ravenna (Abb. 21) verwendete man um 450 n. Chr. relativ großformatige Backsteine, wie sie auch beim gleichzeitig entstandenen Baptisterium der Orthodoxen und beim zwischen 493 und 526 erbauten Baptisterium der Arianer vorkommen. An der zwischen 525 und 547 entstandenen Kirche San Vitale, Ravenna (Abb. 22), hingegen sind die typisch römischen Flachziegel zu finden. Am Mausoleum der Galla Placidia sind zum ersten Mal Blendbögen auf Lisenen zu beobachten, ein Motiv, das vom 11. Jahrhundert an in Oberitalien eine wichtige Rolle spielte.

Wie kontinuierlich sich die Backsteinarchitektur in Oberitalien von der Antike und die frühchristliche bis zur romanischen Baukunst fortsetzte, kann man an San Simpliciano in Mailand (Abb. 25) erkennen. Hier setzte sich die Bautechnik aus flachen Backsteinen von der ersten frühchristlichen Anlage aus der Zeit

kurz vor 400 über die Erneuerung des 6. Jahrhunderts bis zum romanischen Umbau ab 1142 so beständig fort, dass es auf den ersten Blick schwierig ist, zwischen der großen, an die Basilika in Trier erinnernden Bogengliederung des frühchristlichen Baus und den Veränderungen der Fenster im 12. Jahrhundert zu unterscheiden.

Die frühchristlichen Backsteinbauten haben im Allgemeinen noch keine spezifische Backsteingliederung, ausgenommen Dachgesimse und die Lisenen-Bogen-Gliederung am Mausoleum der Galla Placidia. Erst von der Mitte des 11. Jahrhunderts an kommen auch für den Backsteinbau typische Gliederungs- und Schmuckformen auf. Musste man bis dahin davon ausgehen, dass Backstein nur als preiswertes Ersatzmaterial für den edlen Naturstein angesehen und deshalb mit diesem verkleidet oder durch Bemalung angeglichen

22 Typisch römische Flachziegel an San Vitale, Ravenna (525–547)

23 Lisenen und steigende Bogenfriese an der Basilika Santa Maria Maggiore von Lomello, um 1140

24 Lisenen- und Bogengliederung an San Vincenzo in Prato, Mailand, frühes 11. Jh.

25 Wandgliederung an der frühchristlichen Kirche San Simpliciano, Mailand, 1142 romanisch umgebaut

wurde, so gewinnt er nun in Oberitalien eine Eigenständigkeit in der Formgebung, die ihn mehr und mehr vom Werkstein unabhängig macht.

Auch das spricht für die Hypothese eines Konzilsbeschlusses, Backstein als sakrales Baumaterial anzuerkennen – seine starke Verbreitung von der Mitte des 12. Jahrhunderts an in nahezu ganz Europa würde sich daraus erklären. Dass Oberitalien bei der Verwendung von Backstein eine Vorreiterrolle einnahm, erkennt man am frühen Auftreten reicherer Gliederungsformen in diesem Material. So kommen in Lomello (Abb. 23) schon um 1140 Lisenen, horizontale und steigende Bogenfriese, an der Hauptapsis auch eine Reihe von Bogennischen als Vorläufer der späteren Zwerchgalerien vor, die bei dem im Vordergrund erkennbaren Baptisterium aus dem 7. Jahrhundert noch fehlen.

Eine parallele Entwicklung der gleichen Gliederungsformen kann man am Beispiel von San Vincenzo in Prato in Mailand (Abb. 24)

27 Mittler der Ziegelbautradition: Backsteinpfeiler in der Einhardsbasilika, Seligenstadt (831–40)

26 Arkadenbögen aus Backsteinen in der Einhardsbasilika, Michelstadt-Steinbach (821–70)

feststellen, ebenfalls ein Bau aus dem frühen 11. Jahrhundert.

Nördlich der Alpen, im deutschen Sprachraum innerhalb der Limesgrenzen, waren im frühen Mittelalter noch einige römische Backsteinbauten erhalten, die als Vorbilder der karolingischen und ottonischen Baukunst hätten dienen können. Nur an zwei Bauten, und dort versteckt an untergeordneter Stelle, erfolgte allerdings eine Anlehnung an römische Traditionen. Es sind dies die beiden auf Einhard, den Biographen Karls des Großen, zurückgehenden Basiliken in Michelstadt-Steinbach, Hessen, erbaut 821–70 (Abb. 26) und Seligenstadt am Main, Hessen, erbaut 831 bis 840 (Abb. 27).

Backsteine kommen an dem einen Bau nur bei den Pfeilern, an dem anderen auch bei den Arkadenbögen des Langhauses vor. Die flachen, plattenartigen Ziegel und die starken Mörtelfugen verweisen ganz deutlich auf die römische Tradition; es ist sogar anzunehmen, dass es sich in beiden Fällen um antikes Material vom Abbruch römischer Kastellbauten handelt. Darauf weist in Seligenstadt jedenfalls eine Kohorteninschrift hin, die aus dem benachbarten Kastell stammt und als Spolie in die Innenwand in der Nähe der heutigen Kanzel eingelassen wurde. Einhard war offensichtlich ein mit der römischen Baukunst gut vertrauter Bauherr und hat vielleicht sogar die Bücher von Vitruv gelesen. Sein Mauerwerk bevorzugt verschiedene Baumaterialien, etwa Sandsteinquader, Bruchstein, Kalktuff und eben auch Backstein, den er vor allem dort einsetzte, wo hohe Lasten auftraten. Für die Herkunft dieser Backsteine aus dem Abbruch von Römerbauten spricht, dass man für eine so kleine Menge wohl keine eigene Ziegelei errichtet hätte.

Für die folgenden zwei Jahrhunderte lassen sich im heutigen Hessen keine Backsteine nachweisen. Erst an der 1062 urkundlich erwähnten Dorfkirche von Roßdorf wurden sie vor einigen Jahren freigelegt, und zwar in den Bögen großer, später zugesetzter Öffnungen. Mit einer Höhe von 4–5 cm sind sie ähnlich flach wie die Steine in Michelstadt und Seligenstadt, so dass es sich auch hier um römische Spolien handeln könnte.

Ähnlich ist die Verwendung von flachen Backsteinen beim Dom zu Speyer im zweiten Viertel des 11. Jahrhunderts zu bewerten. Gemischt mit Naturstein kommen sie an den Rundbogenfriesen der südlichen Seitenschiffmauern vor, um 1100 dann auch an den Giebelaufsätzen der Osttürme, die wie in Steinbach und Seligenstadt verputzt sind. Backsteine sind hier ein billig herzustellendes Hilfsmaterial für bestimmte Aufgaben, vornehmlich für die Gestaltung von Bögen, bei denen sie sich entweder durch ihre besonders flache Form oder bereits keilförmig leichter dem Bogen anpassen lassen als Bruchstein, während sich Haustein nur unter beachtlichen Kosten zu Keilsteinen verarbeiten lässt. So ist auch das Vorkommen von keilförmigen Ziegeln in den Bogenlaibungen des Palas der um 1180 gegründeten Kaiserpfalz in Kaiserswerth, heute ein Stadtteil von Düsseldorf, zu erklären. Der erste, für lange Zeit einmalige Backsteinbau ist die ehemalige Wasserburg in Babenhausen, Hessen (Abb. 28, 29), die 1184–88 weitgehend aus Backstein erbaut wurde. Wichtige gliedernde und schmückende Teile sind hier aus Sandstein, der am Main in großen Mengen vorkommt.

Da die für Deutschland höchst ungewöhnliche Regelmäßigkeit der Vierflügelanlage in Babenhausen auf oberitalienische Vorbilder

28 Frühes Zeugnis der Backsteintechnik im Burgenbau: die Wasserburg in Babenhausen

29 Ziegelbogen in der Wasserburg in Babenhausen

zurückzuführen ist, wurde wohl auch die Backsteintechnik von dort übernommen. Durch die Züge der staufischen Kaiser, insbesondere Barbarossas, nach Oberitalien ergaben sich intensive Verbindungen zum

30, 31 Vogtshaus, Seligenstadt, 1187, mit Ziegelschmuck vermutlich aus derselben Bauhütte wie das Material von Babenhausen

Rhein-Main-Gebiet, das die Staufer als Grundlage ihrer Reichsgewalt mit einem Kranz von Burgen und Städten sicherten. Beim Romanischen Haus, dem ehemaligen Sitz des Vogtes in Seligenstadt (Abb. 30, 31), bestehen die Fenster, Arkadenbögen und Kanten des Treppengiebels aus Backsteinen. Da die ermittelte Bauzeit von 1187 in die Zeit der Errichtung der Wasserburg von Babenhausen fällt und sich die Formate der Steine mit 26 x 11,5 x 6,5–7 cm gleichen, ist anzunehmen, dass das Material von der dortigen Bauhütte geliefert wurde. Für die wenigen Backsteine in Seligenstadt allein hätte sich die Anlage einer eigenen Ziegelei wohl nicht gelohnt.

Auch in Gebieten, die bis dahin von Natursteinbauten geprägt waren, kommt nun, um

32 Backsteinbau San Tirso, Sahagún, Spanien, um 1150

34 Kathedrale Saint-Sernin, Toulouse, Langhaus aus Backstein, Anfang 12. Jahrhundert

33 Blendgliederung am Backsteinbau San Lorenzo, Sahagún, Spanien, um 1150

die Mitte des 12. Jahrhunderts, Backstein vor. So zum Beispiel in Sahagún (Spanien), wo er in der Zeit um 1150 sowohl bei der Kirche San Tirso (Abb. 32) als auch bei San Lorenzo (Abb. 33) auftritt, und zwar in der flachen, auf die Römer zurückzuführenden Form, wobei die Fugen fast so breit sind wie die Backsteine. Die Kathedrale Saint-Sernin in Toulouse (Abb. 34) erhielt 1075–96 einen neuen Chor aus Werkstein, anschließend wurde das Langhaus zunächst in Backstein mit Werksteingliederungen, dann ganz in Backstein ausgeführt. Natursteinbrüche sind von Toulouse nur etwa 80 km entfernt.

Der Transport auf dem Landweg war offensichtlich viel teurer als das Brennen von Backsteinen am Bauort, so dass man dem neuen Material den Vorzug gab. Da es fast überall Tongruben gibt und ein Ziegelbrenner weniger qualifiziert als ein Steinmetz sein musste,

35 Eine der ersten Backsteinkirchen Norddeutschlands: St. Johannis in Verden/Aller

breitete sich die Backsteintechnik von nun an rasch aus. Warum dies nicht früher erfolgte, obwohl römische Vorbilder vorhanden waren, ist heute ohne urkundliche Überlieferung nur schwer festzustellen.

Es kann sein, dass lange Zeit nur der Naturstein als würdig für den Sakralbau befunden wurde, dann aber ein Konzil Backstein für den Kirchenbau akzeptierte. So tritt er etwa ab der Mitte des 12. Jahrhunderts in den heutigen Bundesländern Saarland, Bayern, Hessen, in Niedersachsen, Brandenburg und Schleswig-Holstein, außerdem in Dänemark sowie den Niederlanden und auch in den Kolonisationsgebieten an der Ostsee auf.

Die Mission der heidnischen Slawen im 12. Jahrhundert wie auch die von Lübeck ausgehende Kolonisation der Gebiete an der Ostsee erforderten neuen Baustoff für Kirchen, Burgen, Rathäuser, Bürgerbauten, Speicher und Stadtmauern. Mit dem sprunghaften Anwachsen der Bevölkerung und damit auch der Handelsstädte im Gebiet des heutigen Bundeslandes Mecklenburg-Vorpommern musste dieser Baustoff vor Ort preiswert und in großen Mengen hergestellt werden können.

Gerade rechtzeitig wurde dafür die Backsteinherstellung aus Oberitalien eingeführt. Obwohl ein großer Teil Bayerns innerhalb des Limes lag und römische Ziegelbauten dort sicher vorhanden waren, traten auch hier erst in der zweiten Hälfte des 12. Jahrhunderts die ersten mittelalterlichen Backsteinbauten auf. Frühere Beispiele in Bayern sind die Klosterkirche in Thierhaupten, vor 1170, die Pfarrkirche in Steingaden, geweiht 1176, die Stiftskirche in Moosburg und die kleine, 1959 abgebrochene romanische Martinskapelle im Westen des Domberges von Freising.

Man könnte vermuten, dass der Backsteinbau durch Herzog Heinrich den Löwen von Bayern nach Sachsen gelangt sei, da er doch Herzog beider Gebiete war. Allerdings sind die drei Backsteinbauten in Verden (Aller) (Abb. 35) früher, nämlich um 1150, entstanden.

Möglicherweise besaß einst das niedersächsiche Stade den ältesten Backsteinbau Norddeutschlands. Bei Aushebearbeiten für die dortige Sparkasse stieß man auf Reste einer ab 1137 erbauten Klosterkirche der Prämonstratenser. Von ihrer romanischen Apsis fand man den Feldsteinsockel und darüber mehrere Schichten Backsteinmauerwerk, das außen weiß geschlämmt und mit einem Fugennetz bemalt gewesen sein soll, wie Augenzeugen berichteten. Leider wurde der Befund nicht dokumentiert, sind die Augenzeugen bereits verstorben, ist auf den Fotografien kein romanisches Mauerwerk zu erkennen. Träfe die mündliche Überlieferung zu, hätte der erst 1120 gegründete Orden der Prämonstratenser den Backsteinbau nicht 1148 in Jerichow, Sachsen-Anhalt, sondern schon 1137 in Stade eingeführt.

Im Bereich Lübeck-Ratzeburg vermutet man weniger in Herzog Heinrich dem Löwen, sondern mehr in den Bischöfen die Initiatoren des Backsteinbaus; in Verden scheint dies ohnehin zuzutreffen. Für den Neubau des Domes nach der Verlegung des Bistums 1167/71 von Mecklenburg nach Schwerin wird ebenfalls ein Backsteinbau in der Art der Dome von Lübeck und Ratzeburg vermutet. Dies wäre der früheste Backsteinbau im Bereich des heutigen Bundeslandes Mecklenburg-Vorpommern, dicht gefolgt von der 1186 begonnenen Klosterkirche der Zisterzienser in Bad Doberan, von der die Westfassade des südlichen Seitenschiffes erhalten ist. Es zeichnet sich also ab, dass die Einführung, Verbreitung und technische Verbesserung der Backsteintechnik auf die Bischöfe sowie die Orden der Prämonstratenser und Zisterzienser zurückzuführen ist.

Lehm

Für die Schönheit wie auch die Haltbarkeit der Backsteine ist zunächst einmal die Qualität des verfügbaren Lehms bedeutsam. Zwar sind Lehmvorkommen sehr häufig, besonders in den Tälern und Mündungsgebieten der Flüsse, doch schwankt die Qualität des Tons sehr stark. Naturwissenschaftlich ist Ton ein klastisches Sediment mit einer Korngröße von weniger als 0,002 mm (Martin Lauterbach: „Rohstoffvorkommen zur Backsteinherstellung im mittleren Elbegebiet", Vortrag bei der 2. Fachtagung Backsteinbau 1994 in Jerichow). Er kommt sowohl als Tonstein (Festgestein) als auch als Ton-Lockergestein vor, nur letzteres wird als Ziegelton von Ziegeleien verarbeitet.

Ton als Lockergestein besteht zu fast zwei Dritteln aus Tonmineralien, zu einem Drittel aus Quarz und Feldspat, ferner aus Anteilen von Karbonat, Eisenoxid u.a. Dabei ist das wichtigste Tonmineral das Kaolinit. Wo es in hoher Konzentration auftritt, spricht man von Kaolin, einem besonders hochwertigen Rohstoff, der heute für Schamottsteine in der Industrie verwendet wird. Ton für Terrakotten muss einen höheren Gehalt an Tonmineralien haben. Häufig tritt der Ton auch mit Kalkanteilen auf; betragen sie 25–75 %, spricht man von Mergel. Für die Herstellung von Backsteinen darf der Gehalt an Tonmineralien nicht zu niedrig sein, weil dann die gebrannten Steine zu weich und damit wenig haltbar sind. Er darf aber auch nicht zu hoch sein, weil das Material beim Brennen in pri-

36 Das Farbenspiel der Backsteine entsteht durch Schwankungen der Material-zusammensetzung und der Brenntemperaturen.

mitiven Feldbrandöfen mit ungleichmäßigen, stellenweise sehr hohen Temperaturen zur Rissbildung neigt.

Besaß man vor Ort nicht die richtige Mischung, hat man entweder den zu mageren Lehm mit hochwertigem Ton aus anderen Gruben oder den zu fetten mit Sand gemischt. Das geschah beim ohnehin notwendigen Aufbereiten, bei dem der Lehm mit Wasser zu einer formbaren Masse durchgeknetet wurde. Menschen oder Tiere stampften den Lehm mit ihren Füßen oder Hufen.

Im Zuge der Industrialisierung wurde dieser Arbeitsschritt in den frühen Ziegeleien durch maschinengetriebene Schnecken im so genannten Kollergang ersetzt.

Heute wird die Mischung des Ziegeltons sorgfältig durch Analysen vorbereitet und computergesteuert exakt umgesetzt, so dass seine Zusammensetzung stets gleich bleibt. Bei absolut konstanten Brenntemperaturen wird für alle Backsteine oder Dachziegel der gleiche Farbton erreicht. Im Mittelalter war dies nicht möglich.

Die Mischung konnte bei jeder neuen Aufbe-
reitung etwas anders ausfallen und die Farbe
der Backsteine von Ocker über Dunkelrot bis
Schwarz schwanken (Abb. 36), wobei natürlich die Brenntemperatur ebenfalls von Einfluss war. Heute schätzt man dieses Farbspiel
innerhalb einer Backsteinmauer und bemüht
sich, es für Reparaturen durch die Mischung
des Materials aus verschiedenen Produktions-
gängen mit unterschiedlichen Temperaturen
zu erreichen.

Geschnittene Grünlinge

Bischof Hermann von Verden (1148–76), so
berichtet die mündliche Überlieferung, habe

**37 Flaches romanisches Mauerwerk, Chor
von St. Johannis, Verden**

den Backstein auf der Rückreise von einem
Konzil in Rom kennen gelernt und nach Verden gebracht.

In der Tat finden wir neben der Klosterkirche
von Jerichow in Verden die frühesten Backsteinbauten im norddeutschen Küstengebiet.
Es sind dies der erste backsteinerne Dom, von
dem nur der Südwestturm erhalten ist und
die am besten bewahrte Andreaskirche aus
der Zeit um 1150 sowie die Johanniskirche
mit wesentlichen romanischen Bauteilen von
etwa 1150.

Trotz des gotischen Umbaus sind die romanischen Teile der Johanniskirche (Abb. 37) noch
gut zu erkennen, besonders im Bereich des
rechteckigen Chores.

Sie zeichnen sich durch extrem flache Backsteine aus, die das Format 24–25,5 cm (Länge) x 10,5 cm (Kopfbreite) x 6 cm (Höhe)
haben. Einschließlich Fugenmörtel kommen
14 Schichten auf einen Meter Höhe des Mauerwerks.

Bei genauem Hinsehen erkennt man trotz der
angewitterten Oberflächen Spuren einer Riefelung, die von links oben nach rechts unten
verläuft. Sie ist eine Eigenart der frühesten
Backsteine und einer der Belege für die Her-

**38 Mauerwerk aus Oberitalien, San
Nazaro Maggiore, Mailand**

kunft der Backsteintechnik aus Oberitalien.
Dort trifft man sie an vielen Backsteinbauten
des späten 11. und frühen 12. Jahrhunderts
an, so z. B. bei San Nazaro Maggiore (Abb.
38) in Mailand aus der Zeit um 1075–93. Wie
überall in Italien üblich, sind auch hier die
Backsteine flach.

Die nördlich des Domes in Verden gelegene
romanische Kirche St. Andreas (Abb. 39) ist
besser vor Veränderungen bewahrt geblieben, besonders im Bereich der halbrunden
Ostapsis mit ihren Rundbogenfenstern,

40 St. Andreas mit zwölf Schichten auf einen Meter Mauerhöhe

39 Die romanische Kirche St. Andreas in Verden, um 1150, einer der frühen nördlichen Backsteinbauten

41 Klosterkirche Jerichow mit 10,5 Schichten auf einen Meter Mauerhöhe

schmalen, halbrunden Wandvorlagen und dem abschließenden Dachgesims aus Konsolfriesen und Deutschem Band.

Die Backsteine (Abb. 40) haben hier das Format von 29–30 cm x 11–11,5 cm x 6,5–7 cm; entsprechend der größeren Höhe kommen nur noch 12 Schichten auf einen Meter Mauerhöhe. Eine Riefelung der Oberfläche trifft man hier ebenfalls an. Wie stark diese verwittert ist, erkennt man am härteren und deshalb heute vorstehenden Fugenmörtel, der einst natürlich bündig war.

Etwa gleichzeitig mit den Bauten in Verden entstanden zwischen 1148 und 1172 die Klosterkirche in Jerichow, Sachsen-Anhalt, und die dortige Pfarrkirche (Abb. 42).

Die Prämonstratenser haben offensichtlich Ziegelbrenner aus Oberitalien nach Jerichow kommen lassen, denn eine so exakte, ausgereifte Backsteintechnik kann nicht an einem Erstlingswerk in einer Landschaft entstanden sein, in der es dafür keine Vorbilder gab.

Im Unterschied zu Verden haben wir es hier mit deutlich größeren Formaten zu tun. Die Maße sind: 26–27,5 cm x 14–17 cm x 8 cm, es kommen nur noch 10,5 Schichten auf einen Meter.

Bei den flachen Backsteinen in Italien und Verden muss man davon ausgehen, dass sie aus einem gleichmäßig ausgerollten Lehmkuchen ausgeschnitten, dann einige Wochen lang als so genannte Grünlinge zu Rohlingen genann-

ten Lehmziegeln getrocknet und schließlich zu Backsteinen gebrannt worden sind. Bei den sehr hohen Formaten von Jerichow (Abb. 41) hingegen ist zu vermuten, dass der Lehm hier bereits in Holzkästen gestrichen wurde, doch sprechen die relativ großen Abweichungen in der Länge und Kopfbreite eher für geschnittene Grünlinge. Auf jeden Fall weisen die Keilsteine des Türbogens im Kreuzgang

42 Das Prämonstratenserkloster in Jerichow gilt als Vermittlerbau für die Backsteintechnik zwischen Süden und Norden.

43 Von Hand geschnittene, unterschiedlich breite Keilsteine an einem Türbogen, Kreuzgang des Klosters Jerichow

(Abb. 43) ganz verschiedene Stärken auf, können also nicht in einem Holzkasten geformt worden sein.

Über die Riefelung der Backsteine hat die Wissenschaft vier verschiedene Hypothesen aufgestellt:

1. Die Riefelung soll beim Eindrücken des Ziegeltons in den Holzrahmen als Abdruck des geriefelten Bodenbrettes entstanden sein. Diese Erklärung ist unwahrscheinlich, denn zum einen sind die frühen Lehmziegel noch nicht in Kästen gedrückt, sondern aus einem Kuchen geschnitten worden, zum anderen befinden sich die Riefen nicht an der breiten Bodenseite der Backsteine, sondern an der jeweils nach außen gerichteten schmalen Längsseite.

2. Die Riefen werden als Spuren vom Schneiden des Lehmkuchens mit Hilfe gedrehter Schnüre gedeutet. Dagegen sprechen Riefen in Fischgrätenmustern, etwa auf den Backsteinen in den Fenstern der Krypta von Jerichow (Abb. 45). Wären die Riefen hier wirklich Spuren des Schneidens, müsste der Lehmkuchen erst halb und nach dem Wenden ganz durchgeschnitten worden sein.

3. Die Riefen entstanden nach den neuesten Erkenntnissen durch die Bearbeitung des trockenen Rohlings mit der Glattfläche vor dem Brand. Dies wird als ein Weiterleben der Behandlung von Natursteinen gedeutet, da die ersten Ziegelbrenner wohl noch aus dem Steinmetzhandwerk kamen. Die Theorie findet ihre Bestätigung im Atrium von Sant'Ambrogio in Mailand (Abb. 44), wo Backsteine im Wechsel mit Natursteinen vermauert worden sind, beide mit Riefen als Folge einer Bearbeitung mit der Glattfläche. Überzogen mit einer dünnen Kalkschlämme,

**44 Backsteine im Wechsel mit
Natursteinen an Sant'Ambrogio,
Mailand – beide mit Riefen**

**45 Fischgräten-Riefen auf den Backsteinen,
Krypta-Fenster der Kirche von Jerichow**

schlossen sich auf diese Weise Backsteine und Natursteine zu einem einheitlich wirkenden Mauerwerk zusammen.

4. Die vierte Hypothese ist eine sinnvolle Ergänzung der dritten. Sie besagt nämlich, dass die Riefelung der nach außen gerichteten Flächen des Backsteins dazu dienen sollte, eine Kalkschlämme besser haften zu lassen. Es ist nämlich davon auszugehen, dass die ersten Backsteinbauten noch nicht das neue Material in seinem natürlichen Rot zeigten. Sie wa-

ren mit einer dünnen Schlämme aus weißem Kalk überzogen, auf die man mit Farbe ein Fugenmuster aufmalte, als handele es sich um Quadermauerwerk. Von den rekonstruierten Innenausmalungen gotischer Backsteinbauten, wie der Marienkirche in Lübeck, kennt man derartige Fugenmalereien.

An einem Außenbau sind sie für die ehemalige Klosterkirche des Zisterzienserklosters Doberlug, Brandenburg, überliefert: Beim Abbruch eines späteren Anbaus entdeckte man

46 Fischgrätenmauerwerk an San Vincenzo in Prato, Mailand

47 Fischgrätenoberfläche (opus spicatum) an San Simpliciano, Mailand

– bis dahin durch diesen geschützt – an der ehemaligen Außenwand des Backsteinbaus eine weiße Tünche mit aufgemalten roten Fugen, die einer regelmäßigen Einteilung und nicht den tatsächlichen Fugen folgten. Zu Beginn des 20. Jahrhunderts konnten der damalige Provinzialkonservator Lutsch und der Restaurator Prof. Ernst Fey diesen Originalbefund aus der Zeit um 1190 noch sehen – bis heute hat er sich leider nicht erhalten.

Wie bereits erwähnt, ist aufgrund der relativ starken Schwankungen der Backsteinmaße innerhalb eines Baus zu vermuten, dass die frühen Backsteine aus der zweiten Hälfte des 12. Jahrhunderts in Deutschland noch nicht in Holzkästen geformt, sondern aus einem ausgerollten Lehmteig geschnitten wurden. Auch für die brettartig flachen Ziegel der Römer und die oberitalienischen Beispiele frühchristlicher und romanischer Bauten gilt das Gleiche. Die Steine wirken sehr unregel-

mäßig, und bei den älteren Bauten vor 1100 tritt häufig *opus spicatum*, Fischgrätenmauerwerk (Abb. 46, 47) auf, das vielleicht Vorbild für die entsprechenden Riefelungen im Fischgrätenmuster war, die unter anderem an den Fenstern der Krypta der Klosterkirche von Jerichow (Abb. 48) zu finden sind.

Geschnittene und oft sehr flache Backsteine sind fast immer auch mit Riefelungen versehen. Deren große Verbreitung in der Altmark geht wohl auf die Ziegelei der Prämonstratenser zurück. Dieser Orden widmete sich im Unterschied zu denen der Benediktiner und Zisterzienser der Seelsorge durch die Betreuung von Pfarrstellen, hatte also Einfluss auf Kirchenbauten. Helmut Müller nannte auf der 2. Fachtagung Backsteinbau 1994 in Jerichow unter anderem Arendsee, Berge, Diesdorf, Giesenslage, Hohengören, Meseberg und Königsmark als Beispiele. Auch an der romanischen Stadtkirche in Jerichow kommen Rie-

48 Backsteinriefen mit Fischgrätenmuster an den Krypta-Fenstern des Klosters Jerichow

fen vor. Teilweise sind hier alle Steine einer Mauer, manchmal nur die Läufer, die Steine von Lisenen oder die Ecksteine von Gebäudekanten geriefelt (Abb. 49). Von der gleichen Beobachtung am Dom in Lübeck berichtete auch J. C. Holst auf der 2. Fachtagung in Jerichow.

Das Herausheben einzelner Gliederungselemente durch eine besondere Oberflächenbehandlung spricht für die These, nach der die Riefelung den Backstein in der Oberfläche dem Naturstein angleichen sollte. Dieser erhielt durch vorsichtiges Schlagen mit der Fläche einer breitflächigen Steinaxt auf die vorgearbeitete Oberfläche seine endgültige Glätte, die jedoch noch Bearbeitungsspuren in Form einer feinen, hier senkrechten Riefelung besitzt (Abb. 50). Der Steinmetz kennzeichnete ein solches Werkstück durch ein Steinmetzzeichen als seine Arbeit, der Ziegelbrenner durch seine Ziegelzeichen.

49 Riefelungen zur Hervorhebung einer Wandvorlage, Stadtkirche von Jerichow

51 Die Brennhaut ist auch in der Tiefe der Riefen vorhanden, Apsis des Ratzeburger Doms

50 Steinmetzzeichen und Steinriefelung, Freiburger Münster

Eine Riefelung muss vor dem Brand am Rohling erfolgen, denn danach wäre sie wegen der Härte der Oberfläche nur sehr mühsam auszuführen, beim weichen Grünling dagegen würden nicht so klare Riefen entstehen. Deshalb ist im Allgemeinen davon auszugehen, dass man die Rohlinge mit einer kleineren als beim Werksteinbau üblichen Fläche jeweils an den ausgewählten Seiten bearbeitet hat.

Bei der Apsis des Ratzeburger Domes, Schleswig-Holstein (Abb. 51), erkennt man deutlich, dass die Brennhaut auch in der Tiefe der Riefen vorhanden ist, was bei einer Bearbeitung nach dem Brand nicht möglich wäre. Hier wechseln die Riefen außerdem in der Richtung zwischen vertikal, halbschräg und diagonal, was sich aus den Arbeitsgängen verschiedener Ziegelbrenner erklären lässt.

**53 Blick ins Innere
mit den gestapelten Backsteinen**

**52 Nachbau eines Feldbrandofens in
Jerichow**

Wahrscheinlich wurden die Grünlinge schon
so auf den Trockengestellen aufgeschichtet,
dass man die zur Ansicht vorgesehenen Flächen nach ihrem Trocknen ohne erneutes
Umsetzen riefeln konnte. Überall da, wo
nicht ganze Mauerflächen, sondern nur be-
tonte Architekturgliederungen gerieft werden sollten, wurden diese Steine entsprechend bearbeitet oder die anderen mit der
gerieften Seite nach innen vermauert.

Brennvorgang

Ziegelton findet sich in nahezu jeder Gegend.
Oft wählte man eine Grube möglichst nahe
an der geplanten Baustelle und brannte auch
dort gleich die Backsteine. In Jerichow weist
darauf die Flurbezeichnung ‚Ziegelbreite' für
ein Gelände hin, das nur wenige hundert
Meter vom Kloster entfernt liegt. Der erste
Arbeitsgang bei der Backsteinherstellung ist
das Ausgraben des Tones und, nach der Auf-
bereitung mit Wasser, das Kneten zu einer
formbaren Masse. Anfangs arbeitete man

wohl unter freiem Himmel, wodurch sich der
Prozess der Lufttrocknung bei häufigen Nie-
derschlägen lange hinzog. Deshalb hat man
bald offene Schuppen aus Holz als Ziegel-
scheunen errichtet. In ihrem Schutz konnten
die Arbeitsgänge Aufbereiten, Formen und
Trocknen bei jedem Wetter ausgeführt werden.

Das Brennen erfolgte zunächst im so genannten Feldbrand. Bei der 2. Fachtagung
zum Backsteinbau 1994 wurde in Jerichow
unweit des Klosters ein Feldbrandofen (Abb.
52) errichtet und der Brennvorgang in der
originären Weise demonstriert.

Bei der einfachen Art mittelalterlichen Brennens schichtete man Rohlinge – in diesem
Fall 2000 – um einen Hohlraum so übereinander auf, dass die Steine auf Lücke standen und von der heißen Luft umströmt werden konnten. Das Brennmaterial wurde in
den Feldbrandofen eingebunden und für
mehrere Tage in Brand gesetzt.

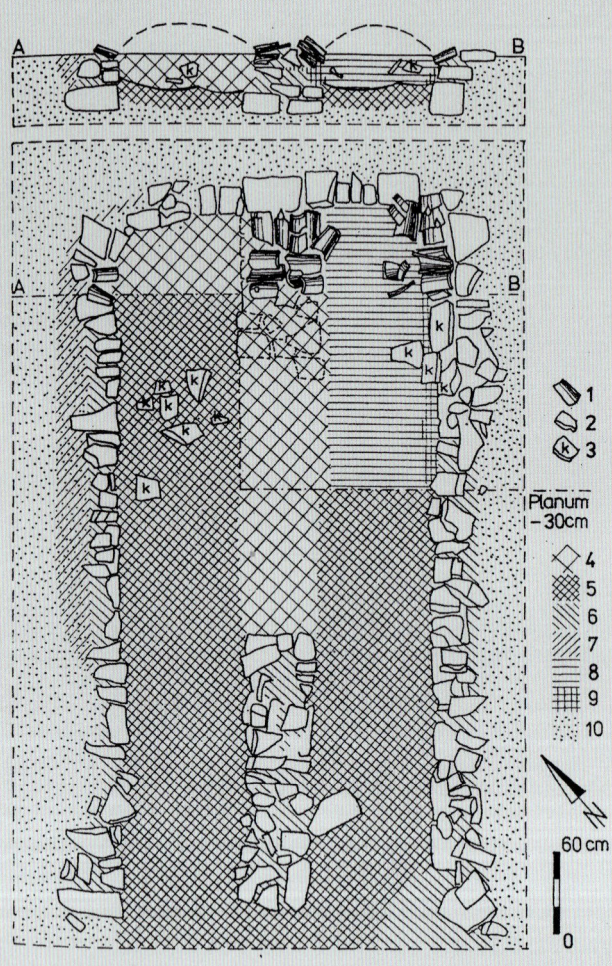

Haldensleben. Profil und Planum des 1987 freigelegten Ziegelbrennofens
1 Dachziegel; 2 Grauwackebruchstein; 3 Kalkstein; 4 Versturzschicht aus Lehm, stark
mit Ziegelbruch und Kalkstein durchsetzt; 5 Füllschicht aus Lehm, mit Ziegelbruch und
Holzkohle durchsetzt; 6 rotverfärbter Lehm; 7 schwarzverfärbter Sand; 8 Füllschicht aus
Kalk, mit Ziegelbruch und Kalkstein durchsetzt; 9 grauverfärbter Kalk; 10 heller Sand

54 Dokumentation des mittelalterlichen Ziegelbrennofens von Haldensleben

Für einen gut durchgebrannten, festen Backstein benötigt man Temperaturen von 800 bis 1000 Grad Celsius, bei denen eine schöne Rotfärbung durch Oxidation des im Lehm enthaltenen Eisens entsteht. Da in den offenen Feldbrandöfen zu viel Wärme nach unten in den Boden und auch nach oben austreten konnte, brannten nur die inneren Schichten gut durch. Etwa die Hälfte der Steine waren nur teilweise und die äußeren fast gar nicht gebrannt, sie wurden deshalb als Füllmaterial für das Innere der starken Mauern verwendet. Wie ungleichmäßig das Brennen von Backsteinen im Feldbrand ausfällt, zeigt der Blick in das Innere des Feldbrandofens (Abb. 53) der Fachtagung in Jerichow. Je röter die Backsteine sind, um so stärker sind sie durchgebrannt. Die grauen Steine sind fast noch Lehmziegel und werden entweder nochmals gebrannt oder für Füllmauerwerk verwendet. Im Mittelalter gab man sich bald nicht mehr mit den vielen Fehlbränden zufrieden und verbesserte den Brennvorgang durch den Bau von Ziegelöfen. Von ihnen ist jedoch kaum noch etwas erhalten, da sie stets abgeräumt wurden, wenn sie ihre Aufgabe erfüllt hatten und so ausgeglüht waren, dass sie nicht weiter benutzt werden konnten.

Es war ein besonderer Glücksfall, als Mitarbeiter des Kreismuseums Haldensleben, Sachsen-Anhalt, 1987 bei Planierungsarbeiten die Reste eines mittelalterlichen Ziegel-Brennofens entdeckten und ihn untersuchen sowie dokumentieren konnten (Abb. 54 – aus Ulrich Hauer: „Ein mittelalterlicher Ziegel-Brennofen von Haldensleben", in: Ausgrabungen und Funde, Heft 34, 1989, S. 198). Der Ofen war geschickt in den ehemaligen, 1853 eingeebneten Burgwall von Neuhaldensleben eingetieft worden. So blieb der untere Teil mit dem eigentlichen Feuerungsraum erhalten, dessen Innenmaße 5,20 x 2,10 Meter betrugen. Er war durch eine Mittelwand in zwei Brennkammern geteilt. Die nur noch bis zu

einer Höhe von 40 cm erhaltenen Wände bestanden aus Grauwacke, die in Lehm versetzt worden war. Die Feuerungsöffnung befand sich auf der südöstlichen Schmalseite. An der entgegengesetzten, stärker in die Wölbung des Dammes eingetieften Seite waren noch Reste der den Brennofen nach oben abschließenden Gewölbe vorhanden, gemauert aus zerbrochenen Mönch-Nonne-Dachziegeln und Kalkstein. Diese Wölbung besaß ursprünglich sicher Öffnungen, durch die das Feuer auf das darüber gelagerte Brenngut einwirken konnte.

Durch die Auswahl des Brennmaterials und die Beeinflussung der Luftzufuhr war die Brenntemperatur in der oberen, nicht erhaltenen Kammer des Ofens einigermaßen gleichmäßig zu steuern. Eine genaue Datierung des Ofens von Haldensleben, in dem wohl Dachziegel, aber auch Kalk gebrannt wurden, ist nicht möglich, doch eine Errichtung zwischen dem 13. und 15. Jahrhundert kommt in Frage. Weitere Ziegelbrennöfen aus dem Mittelalter entdeckte man in Öhringen-Michelbach, Baden-Württemberg (veröffentlicht in: Archäologische Ausgrabungen in Baden-Württemberg, 1983, S. 225 ff.), und bei Scheinfeld, Bayern (veröffentlicht in: „Franken unter einem Dach", Schriftenreihe des Vereins Fränkisches Freilandmuseum e.V., Nürnberg, Heft 11, 1988, S. 64 ff.). Die Brenntechnik von Backsteinen muss, ausgehend von den einfach aus Rohlingen aufgeschichteten Feldbrandöfen des 12. Jahrhunderts, ständig verbessert worden sein – anders kann man sich die Herstellung großformatiger Backsteine, komplizierter Formsteine und Glasuren nicht vorstellen. Dabei hat es sicher je nach wirtschaftlicher Situation des Bauherren unterschiedlich gute Brennöfen gegeben. Daraus würde sich die schwankende Qualität von Backsteinen erklären, wobei ihr besonders hoher Standard bei den Ordenskirchen auffällt.

Sonderformen

Als in der Anfangszeit der Backsteintechnik die Grünlinge noch aus dem Lehmkuchen geschnitten wurden, konnte man noch keine Formsteine produzieren. Für keilförmige Bogensteine wie die in Bad Doberan (Abb. 55 a und b) oder für Kapitelle musste man jeden einzelnen Grünling zuschneiden oder die gewünschte Form durch Abarbeiten aus den gebrannten Normalsteinen schaffen.

Die Herstellung der Trapezkapitelle in Jerichow (Abb. 56) stellte sich Conrad Wilhelm Hase durch Zuschneiden der Grünlinge vor („Über die Wege, auf welchen der Backsteinbau uns überkommen ist", in: Zeitschrift des Architekten- und Ingenieurverein zu Hannover, Heft 39, 1893, S. 124). Man habe diese getrennt durch Sandschichten zu einem Würfel aufgeschichtet und dann die Kanten weggeschnitten, danach die einzelnen, so entstandenen Formsteine getrocknet, gebrannt

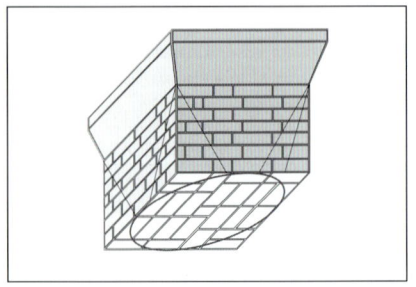

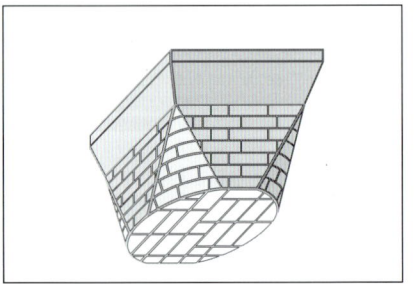

und vermauert. In anderen Fällen mag die Herstellung so verlaufen sein, in Jerichow aber hat man festgestellt, dass die Trapezform der Steine erst nach dem Vermauern der bereits gebrannten, normalen quaderförmigen Backsteine durch Abmeißeln der überstehenden Teile entstanden ist.

C.W. Hase stellte sich auch die Herstellung der leicht bogenförmigen Steine bei den Apsiden von St. Andreas in Verden und der Klosterkirche von Jerichow durch Zuschneiden der aufgeschichteten, fast getrockneten Tonsteine nach einer Schablone mit der Stichsäge vor und versuchte so, die Riefelung als Sägeschnitt zu erklären. Er behauptete: „Wegen der Handhabung der Säge mit der rechten Hand zeigen sich diese Sägeschnitte immer von der linken nach der rechten Seite abfallend gerichtet", was jedoch häufig, aber keineswegs immer zutrifft.

Weiterhin führte er aus: „Man erzielte dadurch eine größere Genauigkeit der Form als durch das Backen in Formen, da die aus nassem Thon hergestellten Formsteine bei dem Trocknen sich ziehen und werfen, was bei dem Herstellen des Formsteines in fast trocknem Zustande nicht mehr der Fall ist". Er sah die Technik des Zuschneidens als die fortschrittlichere gegenüber dem Einstreichen der Kästen an, in Wirklichkeit verlief die Entwicklung dabei genau umgekehrt. Das ging allerdings tatsächlich auf Kosten der Präzision, die bei den aus geschnittenen Rohlingen gebrannten Formsteinen in der Tat größer sein kann als bei den in Rahmen gedrückten Grünlingen. Aus diesem Grund schnitt man nach der Entwicklung der Handstrichsteine besonders wichtige und in der Anzahl geringe Einzelteile weiterhin aus Rohlingen zu.

55 a, b Die Trapezkapitelle in Jerichow entstanden möglicherweise durch Abschrägen der Kanten der aufgeschichteten Grünlinge.

56 Trapezkapitelle im Innenraum der Klosterkirche von Jerichow

Handstrich- steine

In der Zeit um 1200 entwickelte sich die Back-steinherstellung weiter. Man benutzte inzwischen Holzkästen, in die man den Lehm einstrich. Durch das Einfügen von profilierten Hölzern in die Kästen konnte man bald komplizierte Formsteine herstellen und versah schließlich auch bestimmte Backsteine mit einer Glasur. Die Ziegeleien kennzeichneten ihre Produkte durch Ziegelzeichen, die vor dem Brand in den weichen Lehmziegel gedrückt wurden. Es wurde im Wechsel von Läufern und Bindern gemauert, in so genannten Verbänden.

Formkästen

Zum Ende des 12. und Beginn des 13. Jahrhunderts wurden die Backsteinformate größer und einheitlicher. Während etwa bei den ältesten, ab 1173 entstandenen Teilen des Domes in Lübeck das Format 28 x 12,5 x 7,5 cm beträgt, steigert es sich zu einer Höhe von 8,5 cm an den untersten Geschossen des Westbaus, der erst nach 1180 aufgeführt worden ist.

Mit 28 x 12 x 8 cm sind die Formate am Dom in Ratzeburg (begonnen ca. 1160–70) sehr ähnlich, sie werden in Bad Doberan in der

57 Die Reste des romanischen Vorgänger-baus an der Westfassade des Doberaner Münsters zeigen ein Ziegelmaß, das ab 1200 sehr häufig vorkommt.

Größe auf 28 x 13 x 9 cm gesteigert, und zwar bei dem in die Westfassade eingebauten Rest der 1186 begonnenen und 1291 abgebrannten ersten Klosterkirche der Zisterzienser (Abb. 57). Dieses Maß trifft man bei den ab 1200 entstandenen Bauten so häufig an, dass daraus auf die Verwendung von Holzkästen geschlossen werden kann. Berücksichtigt man, dass beim Trocknen des Grünlings zum Rohling und noch einmal beim Brennen des Rohlings ein Schrumpfungsprozess einzurechnen ist, kann man annehmen, dass die Holzkästen einen Fuß lang, einen halben breit und einen drittel hoch waren.

Dabei schwankt bekanntlich das Fußmaß von Kulturlandschaft zu Kulturlandschaft. In Lübeck betrug es 28,76 cm, in Hamburg 28,65 cm, in Bremen 28,93 cm, in Hannover

58 Ein Formkasten für Handstrichsteine in der Glindower Ziegelei

29,20 cm, in Oldenburg 29,59 cm, in Preußen 31,38 cm und in der hessischen Wetter-
au 31,50 cm. Daraus (und auch aus der Ver-
schiedenartigkeit der Ziegeltonsorten mit
unterschiedlichem Schwund beim Brennvorgang) erklären sich die relativ geringen Abweichungen in den Maßen der Klostersteine, wie man diese großen Backsteine der
Spätromanik und Gotik nennt.

Da die Orden der Prämonstratenser z. B. in
Jerichow, der Zisterzienser z. B. in Bad Doberan, Dargun und Neukloster eine besondere
Qualität von Backsteinen entwickelt hatten,
ist die Bezeichnung ‚Klostersteine' auch an-
gemessen.

Bei einem lichten Maß von 1 : 1/2 : 1/3 Fuß
ergibt sich eine harmonische Proportion von
6 : 3 : 2., wie sie auch sonst im gotischen Kirchenbau anzutreffen ist – auch hieraus erklärt
sich die Schönheit des Baumaterials Backstein.
Es wird vermutet, dass anfangs Kästen mit ei-

nem Hohlraum von 1 x 0,5 x 0,33 Fuß mit einem Boden verwendet wurden, man aber bald
zum unten offenen Holzrahmen (Abb. 58)
überging, aus dem sich der hereingepresste
Lehm besser herauslösen ließ.

Man stellt für die Backsteinherstellung mit Hilfe eines Formkastens den Rahmen auf ein
Grundbrett, wischt beide mit trockenem Sand
aus, wirft mit Kraft und Schwung einen Lehm-
klumpen hinein und streicht ihn mit einem
Holzrakel glatt in den Rahmen. Da der Sand
ein Ankleben am Holz verhindert, lässt sich der
Rahmen anschließend hochziehen, der fertige
Grünling bleibt auf dem Grundbrett zurück.

Der Grünling wird nun auf besonderen Gestel-
len einige Wochen hindurch an der Luft zum
Rohling getrocknet. Dieser besitzt schon eine
beachtliche Festigkeit; man verwendet ihn
überall da bereits als Lehmziegel, wo er vor
der Einwirkung von Nässe aller Art geschützt
ist.

Geriefelte, geschnittene Backsteine (Beispiele)

Speyer, Dom, Seitenschiff, um 1025–50: 30–32 x 16 x 5 cm
Roßdorf bei Hanau, 1062 erwähnt, Länge unbekannt: 12–14 x 4,5–5 cm
Toulouse / Frankreich, Saint–Sernin, vollendet 1118: 25 x 13,5 x 4–4,5 cm
Verden a. d. Aller, Johanniskirche, um 1150: 24–25,5 x 10,5 x 5,5–6 cm
14 Schichten auf 1 m

Verden a. d. Aller, Andreaskirche, um 1150: 29–30 x 11–11,5 x 6,5–7 cm
12 Schichten auf 1 m

Sahagún / Spanien, San Lorenzo, um 1150: 38 x 17–18 x 4 cm
15 Schichten auf 1 m

Sahagún / Spanien, San Tirso: 36 x 17–17,5 x 4–4,5 cm
15 Schichten auf 1 m

Jerichow, Klosterkirche, 1148–72: 26–27, 5 x 14–17 x 8 cm
10,5 Schichten auf 1 m

Jerichow, Pfarrkirche, Lisenen, 12. Jh.: 25 x 12 x 8,5 cm
9,66 Schichten auf 1 m

Jerichow, Stadtkirche, Mauerflächen: 26 x 12,5 x 8,5 cm
9,66 Schichten auf 1 m

Ratzeburg, Dom, Ostteile, um 1160/70: 28 x 12 x 8 cm
10,25 Schichten auf 1 m

Lübeck, Dom, Ostteile, ab 1173: 28 x 12,5 x 7,5 cm
Mandelsloh bei Hannover, Stiftskirche, um 1180: 26–26,5 x 13–13,5 x 6,5–7 cm
12,5 Schichten auf 1 m

Seligenstadt / Hessen, Romanisches Haus, 1167: 26 x 11–11,5 x 6,5–7 cm
Bad Doberan, Münster, romanische Reste, 1186–1232: 28 x 13 x 9 cm
9,5 Schichten auf 1 m

Lübeck, Dom, Westbau, nach 1181: 28 x 12,5 x 8–8,5 cm
Arle / Ostfriesland, 2. Hälfte 12. Jh., Tuffstein (!): 32–34 x 14,5 x 8–11,5 cm
9,5 Schichten auf 1 m

Arendsee / Altmark, Klosterkirche, 1184–1208: 28–31 x 12–13 x 10 cm
Barnstorf / Niedersachsen, Dorfkirche, 1200–25: 27 x 13 x 7,5 cm
11,5 Schichten auf 1 m

Bassum bei Bremen, Stiftskirche, 1200–25: 26,5 x 13 x 7,5 cm
11,66 Schichten auf 1 m

Ratzeburg, Dom, Westbau, um 1200–20: 28 x 13,5 x 6–8,5 cm
10 Schichten auf 1 m

Hage / Ostfriesland, Langhaus, um 1200–20: 28 x 13,5 x 9 cm
10 Schichten auf 1 m

Tribsees / Nordvorpommern, romanische Nordwand, um 1220: 27 x 11,5 x 9–9,5 cm
9,33 Schichten auf 1 m

Doberlug / Brandenburg, Klosterkirche, um 1190–1225: Apsis: 24 x 10 x 9 cm
Querhaus: 26 x 12 x 7,5 cm
Westfassade: 25,5–26,5 x 12 x 8 cm

Wildeshausen / Oldenburg, Stiftskirche, 1224 Grundsteinlegung: 28–30 x 13–14 x 8,5–9 cm
9,25 Schichten auf 1 m

Geriefelte, geschnittene Backsteine (Beispiele)

Bad Doberan, Karner, um 1250:
26,5–27 x 13 x 10–10,5 cm
8 Schichten auf 1 m

Mariensee / Niedersachsen, Klosterkirche, Ablass 1260:
29,5–30 x 14–15 x 8–8,5 cm

Wismar, St. Georgen, Bau I, nach 1229:
28 x 13,5 x 8,5–9 cm
10 Schichten auf 1 m

Stade / Elbe, St. Cosmae und Damian, Langhaus, um 1250:
27–28 x 12,5–13 x 8–8,5 cm
10–11,25 Schichten auf 1 m

Stade / Elbe, Rathaus vor 1279:28–29,5 x 13–14,5 x 8,2–9,5 cm, 10–10,75 Schichten auf 1 m

Wismar, St. Georgen, Chor, Ende 13. Jh.:
28 x 13,5 x 8,5–9 cm
10 Schichten auf 1 m

Stade / Elbe, St. Wilhadi, um 1320–40:
28–29,5 x 13–14,5 x 8,2–9,5 cm
10–10,75 Schichten auf 1 m

Bad Doberan, Klosterkirche, Chor, 1291–1336:
28 x 14 x 8,5 cm
10 Schichten auf 1 m

Hannover, Marktkirche, um 1340–90:
26,5–27 x 12,5–13 x 8,5–9 cm
10,33 Schichten auf 1 m

Verden, Dom, Langhaus, Westteile des Langhauses, 1473–90:
26 x 12,5–13 x 8–8,5 cm
10,33 Schichten auf 1 m

Wismar, St. Georgen, Langhaus, ab 1404:
29 x 13 x 6,5 cm
10 Schichten auf 1 m

Stade / Elbe, Rathaus, vor 1279:
28–29,5 x 13–14,5 x 8,2–9,5 cm
10–10,75 Schichten auf 1 m

Wismar, St. Georgen, Chor, Ende 13. Jh.:
28 x 13,5 x 8,5–9 cm
10 Schichten auf 1 m

Stade / Elbe, St. Wilhadi, um 1320–40:
28–29,5 x 13–14,5 x 8,2–9,5 cm
10–10,75 Schichten auf 1 m

Bad Doberan, Klosterkirche, Chor, 1291–1336:
28 x 14 x 8,5 cm
10 Schichten auf 1 m

Hannover, Marktkirche, um 1340–90:
26,5–27 x 12,5–13 x 8,5–9 cm
10,33 Schichten auf 1 m

Verden, Dom, Langhaus, Westteile des Langhauses, 1473–90:
26 x 12,5–13 x 8–8,5 cm
10,33 Schichten auf 1 m

Wismar, St. Georgen, Langhaus, ab 1404:
29 x 13 x 8,5 cm
10 Schichten auf 1 m

Nachmittelalterliche Backsteinformate am Beispiel der Stadt Stade

St. Cosmae und Damian, 1622, und Schwedenspeicher, 1679:
26–27,5 x 12,5–13,6 x 6,6–7,8 cm, 11–12,5 Schichten auf 1 m

St. Wilhadi, 1734 und St. Cosmae und Damian, 1757:
24–25 x 11–12 x 6–6,5 cm, 13–14 Schichten auf 1 m

St. Cosmae und Damian, 1818 und 1845:
21,5–23 x 10,2–11 x 4,9–5,5 cm, 16–18,5 Schichten auf 1 m

St. Cosmae und Damian, 1879: 24–24,4 x 11–11,6 x 6,1–6,5 cm, 13,5 Schichten auf 1 m

59 a–f Ein Handstrich-Ziegelmacher in der Ziegelei Falkenløwe, Dänemark

In Asien und Nordafrika baute man vor einigen Jahrtausenden ganze Städte aus Lehmziegeln, für den Kirchenbau in unseren Breiten aber musste der Lehmziegel bzw. Rohling zum Backstein gebrannt werden. Mit der Entwicklung von Formkästen und später offenen Holzrahmen, in die man den Lehm hineindrückte, konnte man erheblich schneller Grünlinge formen.

Zugleich wurde es möglich, die Formatgrößen erheblich zu steigern, was mit geschnittenen Grünlingen nur schwer zu erreichen war. Auch verlangten die großen Klostersteine längere Trockenzeiten und eine Verbesserung des Brennvorgangs, damit sie möglichst gleichmäßig und bis in den inneren Kern durchbrennen.

Die Entwicklung zum Klosterformat kann man aus der Tabelle auf den Seiten 96 und 97 erkennen. Diese Tabelle soll nicht dazu verleiten, mit Hilfe der Backsteinformate Mauerwerk genau zu datieren. Sie kann aber dennoch grobe Anhaltspunkte für eine zeitliche Einordnung geben. So fällt auf, dass die ersten mittelalterlichen Backsteine sehr flach waren, analog ihren Vorbildern in Oberitalien und deren römischen Vorläufern. Sie waren noch nicht in Formkästen gestrichen und mussten flach sein, weil sie sonst in den Feldbrandöfen der Frühzeit nicht richtig durchgebrannt wären. Verbunden ist diese Phase mit dem Riefeln der sichtbaren Oberfläche.

In beiden Merkmalen stimmen die ersten Beispiele in Deutschland mit den oberitalienischen überein, wodurch – wie auch durch spezielle Gliederungs- und Schmuckformen – eine Ableitung aus Oberitalien nachzuweisen ist. Von ihr gehen fast alle Experten zur Backsteinbaukunst aus, ausgenommen Hans Josef Böker in „Die mittelalterliche Backsteinbaukunst Norddeutschlands", Darmstadt 1988, S. 13, der eine unabhängige, aus der Tuffsteintechnik abgeleitete Entstehung konstruiert hat. Seine Theorie ist aber wenig wahrscheinlich, da die ersten Backsteine dort auftreten, wo gar kein Tuff verwendet worden ist, und die deutlich kleineren Formate sich auch nicht aus den großen gesägten Formaten dieses Natursteins ableiten lassen.

In der Zeit um 1200 erreichten die Backsteine ihr größtes Volumen, wodurch eine Beschleunigung der Mauerarbeiten erreicht wurde. Um dies zu verdeutlichen, wurde in der Tabelle vermerkt, wie viele Schichten von Backsteinen jeweils einen Meter Höhe des Mauerwerks ergeben.

Zwar ist dieser Faktor auch von der Stärke der Mörtelfugen abhängig, doch diese schwankt nicht so stark, um nicht einen ersten Hinweis auf die Höhe der Backsteine zu erlauben. Wenn anstelle von 12–14 Schichten beim ersten Auftreten von Backsteinen (in Verden in der Zeit um 1200) zum Beispiel in Bad Doberan nur noch 9,5 erforderlich waren, beim dortigen Karner aus der Zeit um 1250 sogar nur noch 8, so bedeutete dies natürlich zunehmende Zeitersparnis beim Hochziehen von Backsteinmauern.

Voraussetzung für größere Steinformate war allerdings die Verbesserung der Brennöfen. Nicht alle vor 1200 aufkommenden großformatigen Backsteine wurden bereits in Kästen gestrichen, auch trat noch bis etwa 1220 die Riefelung auf, die später verschwand. Zugleich näherten sich die Formate im gesamten Backsteingebiet einander an, was auf die Einführung von Formkästen hinweist. Durchschnittlich kamen nun Größen von 28 x 14 x 8,5 cm vor. Schwankungen beruhen auf dem unterschiedlichen Schrumpfen des Lehms beim Prozess des Trocknens und Brennens sowie auf dem Fußmaß der einzelnen Kulturlandschaften.

60 Ziegelzeichen im Museum in Jerichow
61 Zeichen an St. Georgen in Wismar
62, 63 Gleichartige Zeichen an St. Nikolai
und St. Marien in Stendal

Ziegelzeichen

Mit zunehmendem Reichtum der Formsteine legten die Ziegeleien Wert auf die Kenn-
zeichnung ihrer Produkte, was durch das Eindrücken eines Zeichens in den Rohling mit
Hilfe eines Stempels erfolgte. Im Klostermu-
seum Jerichow (Abb. 60) ist ein Formstein
mit einem Ziegelstempel zu sehen. Auch am
Westportal der Georgenkirche in Wismar
(Abb. 61) hat fast jeder Profilstein aus der
Zeit nach 1404 einen Ziegelstempel. Doch
nicht nur Profilsteine, auch ganz einfache
Backsteine erhielten Ziegelstempel, wie man
im Dom St. Nikolai in Stendal, Sachsen-Anhalt (Abb. 62), feststellen kann. Dort kommen übrigens die gleichen Zeichen wie an
der Marienkirche in Stendal (Abb. 63) vor –
dieselbe Ziegelei belieferte zur gleichen Zeit
beide Baustellen. Man muss sehr genau hin-

schauen, um einen Ziegelstempel zu finden,
wird aber viele entdecken, wenn man erst
einmal aufmerksam geworden ist.

Die Ziegelstempel kennzeichneten aber nur
die Arbeit der Ziegelbrenner in den Ziegelei-
en. Die Maurer mussten andere Wege su-
chen, um auf ihre Leistungen hinzuweisen.
Sie hatten nicht die Möglichkeit der Stein-
metzen, ihr Zeichen in einen Werkstein ein-
zuschlagen, allerdings war ihre Arbeit mit
vorgefertigten Steinen auch einfacher.

Dennoch haben Maurer in der Nikolaikirche
von Stralsund ihre Zeichen mit schwarzer
Farbe auf die Pfeiler gemalt (Abb. 64), die

65 Zeichen des Baumeisters Hermann Münster, St. Georgen, Wismar

von Restauratoren entdeckt und freigelegt wurden. Sicher hat es häufiger Maurerzeichen gegeben, nur hat man sie oft nicht gefunden oder beim Entfernen jüngerer Übermalungen zerstört. Auch die Baumeister kennzeichneten ihr Werk durch aufgemalte Zeichen, die jedoch deutlich größer als die der einfachen Maurer ausfallen. Das Zeichen in der Laibung einer nördlichen Arkade im Langhaus der Georgenkirche von Wismar zum Beispiel (Abb. 65) ist die Hausmarke von Hermann Münster, der ab 1441/42 als Baumeister an der Georgenkirche tätig war.

64 Ziegelmaurer malten ihre Zeichen auf einen Pfeiler in St. Nikolai, Stralsund.

Verband

Gut durchgebrannte Backsteine wurden für die Außen- und Innenschale von Gebäuden verwendet, der Ausschuss kam in das dazwischenliegende Füllmauerwerk. Historisches Mauerwerk – auch wenn es aus Naturstein besteht – ist nur in ganz wenigen Ausnahmefällen durchgehend aus Quadersteinen oder Backsteinen gemauert. Wie ein Einblick während der Bauarbeiten am Westturm der Johanniskirche von Lüneburg, Niedersachsen (Abb. 66), erkennen lässt, liegt hinter der äußeren Schale ein Füllmauerwerk aus Backsteinbrocken, eingegossen in große Mengen von Kalkmörtel. Die äußere wie auch die innere Schale – die wegen der Ausmalung meist nicht so gut zu erkennen ist – wurden in einem Verband gemauert. Beim Wendischen Verband (Abb. 67a) wechseln sich Läufer und Binder ab, das heißt, dass der Backstein einmal mit seiner Langseite, dann mit seiner Kopfseite verlegt ist. In letzterem Fall spricht man vom Binder, da die Hälfte dieses Backsteins in das Füllmauerwerk einbindet und so die er-

66 Füllmauerwerk hinter der glatt gemauerten Schale. Westturm der Johanniskirche in Lüneburg

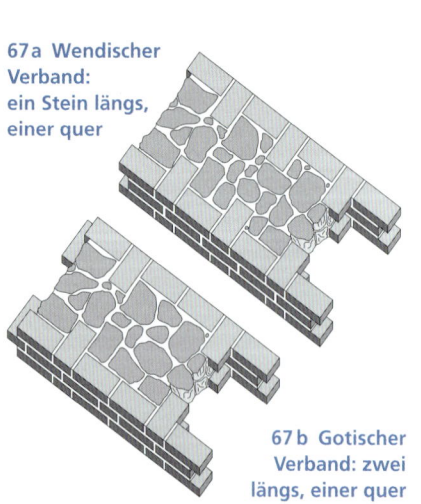

67a Wendischer Verband: ein Stein längs, einer quer

67b Gotischer Verband: zwei längs, einer quer

forderliche Verzahnung mit der Schale bewirkt, die sich sonst ablösen würde. Beim so genannten Gotischen Verband (Abb. 67b) wechseln stets zwei Läufer mit einem Binder ab. Auf diese Weise werden gute Backsteine gespart, jedoch auf Kosten eines nicht so festen Einbindens in den Mauerkern. Bei manchen Bauten kann man überhaupt keine Regelmäßigkeit im Wechsel von Läufern und Bindern feststellen, in diesen Fällen spricht man vom Wilden Verband.

Bei den Chorstrebepfeilern der ab 1291 neu erbauten Klosterkirche in Bad Doberan (Abb. 68) wechseln Schichten von Läufern mit solchen von Bindern so ab, dass immer ein Binder über der Mitte des Läufers steht und eine Kreuzform entsteht. Man nennt

68 An den Chorstrebepfeilern in Bad Doberan erkennt man den Kreuzverband.

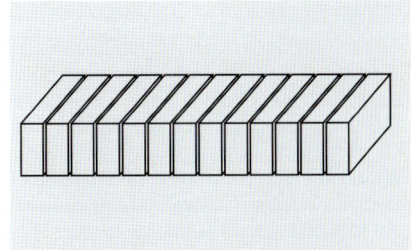

70 Rollwerk kommt häufiger in nach-mittelalterlicher Zeit vor.

diesen Verband deshalb Kreuzverband. Eine Kreuzform kann sich aber auch bei einem Wendischen Verband durch den regelmäßigen Wechsel von Bindern mit Läufern abzeichnen, vor allem, wenn die Binder durch eine Glasur hervorgehoben werden. Dies ist etwa beim Langhaus der Stiftskirche von

oder Läuferverbände mehr in nachmittelalterlicher Zeit vorkommt (Abb. 70). Unregelmäßigkeiten im Ziegelverband – vor allem Absätze in den Horizontalfugen – deuten häufig auf Baunähte bei einer Bauunterbrechung oder einem Planungswechsel hin. Ein solcher ist am Winkel zwischen Chor und

69 Glasierte Binder betonen die Struktur des Wendischen Verbandes an der Stiftskirche von Wildeshausen.

71 Unregelmäßigkeit im Ziegelverband zeigt einen Wechsel des Bauabschnittes an, Marienkirche von Röbel

Wildeshausen, Niedersachsen (Abb. 69), der Fall, wo man es mit einem Wendischen Verband und keinem Kreuzverband zu tun hat.

Werden Backsteine auf der Läuferseite hochkant nebeneinander vermauert, spricht man von Rollwerk, das wie reine Binder-

Langhaus der Marienkirche von Röbel, Kreis Müritz (Abb. 71), zu erkennen, noch hervorgehoben durch einen Wechsel im Sockelprofil.

Formsteine

Mit den quaderförmigen Backsteinen war es schwierig, auch nur die einfachen romanischen Portal- und Fensterbögen mit schrägen Trichterlaibungen zu mauern. Dafür benötigte man eigentlich keilförmige und stumpfwinklige Backsteine, behalf sich aber durch das Abstemmen abstehender Teile bei schrägen Laibungen oder den Ausgleich mit Fugenmörtel bei Bögen. Das ergab, wie man am Beispiel eines romanischen Rundbogenfensters in Middels, Ostfriesland (Abb. 72), erkennen kann, eine nicht so saubere Oberfläche, die man deshalb

73 Weiß geschlämmte Fensterlaibungen an der Dorfkirche von Westerholt

72 Romanische Fensterlaibung in Middels, an der die überstehenden Teile nachträglich abgestemmt wurden.

mit einer Kalkschlämme überzog. Aus dieser Notlösung entwickelte sich für das norddeutsche Küstengebiet eine eigene Art der Gestaltung, bei der die zurückliegenden Flächen und Fensterlaibungen weiß geschlämmt wurden und zu den roten Mauern einen wirkungsvol-

len Kontrast bilden, z. B. in Westerholt, Niedersachsen (Abb. 73). Man behielt dieses Vorgehen auch bei, als man längst Formsteine für alle erforderlichen Profile herstellen konnte.

Das Formen von Profilsteinen stellte kein besonderes Problem mehr dar, nachdem man auf die Idee gekommen war, Hölzer mit Negativprofil so in die rechteckigen Holzrahmen einzufügen, dass sich der gewünschte Profilstein beim Einpressen ergab (Abb. 74). Zunächst begann man mit einfachen Formen (Abb. 75) durch Abschrägen, Einkehlen oder Abrunden einer Kante, um dann für den immer aufwendigeren Schmuck der Gotik kompliziertere Formsteine zu entwickeln (Abb. 76 und 77). Man kann hier von einer Wechselwirkung ausgehen: Der zunehmende Wunsch der Gotik

74 Formsteinkasten mit eingefügtem Negativ-Profil

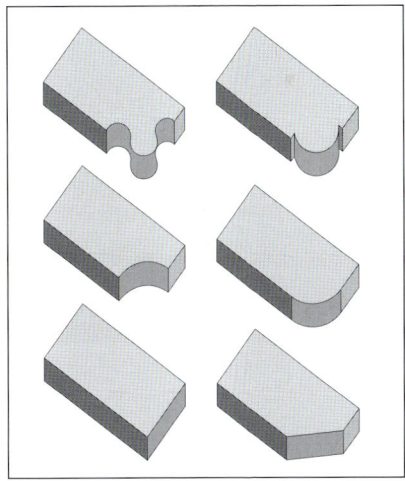

75 Formsteine mit einfacheren Formen

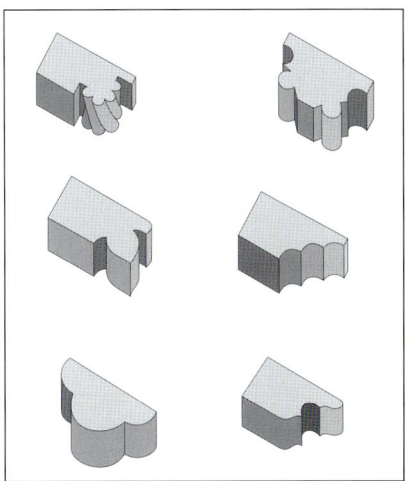

76 Formsteine mit komplizierteren Formen

nach immer stärkerer Zergliederung der Pfeiler, Laibungen und Rippen zwang die Ziegeleien, immer mehr und immer reicher profilierte Formsteine herzustellen. Umgekehrt war der Baumeister auf die Formen angewiesen, die

seine Ziegelei ihm liefern konnte, denn aus Kostengründen konnte man sich nicht zu viele neue Formsteine leisten. Deshalb wurden gelegentlich auch ältere, nicht mehr ganz moderne Profile beibehalten.

77 Formsteine und Formsteinkasten in der Glindower Ziegelei

78 Unregelmäßige Anordnung der glasierten Steine, Karner des Klosters Bad Doberan

79 Schichtwechsel von glasierten und
unglasierten Steinen, Stadtkirche von Plau

Glasuren

Noch vor der Mitte des 13. Jahrhunderts begann man, Glasuren auf die sichtbaren Flächen der Backsteine aufzubringen. Dazu wurden die Backsteine nach dem ersten Brand
mit einer Schlämme aus Zinnoxid oder Blei-
oxid überstrichen, farbige Erden je nach ge-
wünschtem Farbton beigemischt und die Steine dann ein zweites Mal gebrannt.

Wahrscheinlich hat man sich bei der Entwicklung der ersten Glasuren der Erfahrungen aus
der Keramik und der Glasmalerei bedient. Zu
den frühesten bekannten Beispielen glasier-
ter Backsteine zählt der um 1250–60 entstan-
dene Karner neben der Nordseite der Klosterkirche von Bad Doberan (Abb. 78, 81). Es
kommen hier blaugrüne, schwarze und rote
Glasuren vor, einige wurden im 19. Jahrhundert erneuert. Während in Bad Doberan die
glasierten Steine in einem beliebig erscheinenden Wechsel mit den naturbelassenen
vermauert wurden, verlegte man sie beim
frühgotischen Südportal der Stadtkirche von
Plau, Kreis Parchim (Abb. 79), in regelmäßi-
gem Schichtwechsel. Auch beim Neubau der
Klosterkirche in Bad Doberan ab 1291 verwendete man schwarz glasierte Backsteine

systematisch für alle vorstehenden Gesimse
und Flächen, die dem Schlagregen ausgesetzt
sind. Bei der nach 1381 begonnenen Katharinenkirche in Brandenburg (Abb. 80) wurden
die Strebepfeiler durch einen regelmäßigen
Wechsel von dunkelglasierten mit naturroten
Backsteinen und die Maßwerkformen durch
dunkle Glasuren hervorgehoben.

80 Glasurenschmuck, Katharinenkirche, Stadt Brandenburg

81 Der Karner neben der Nordseite der Klosterkirche in Bad Doberan ist eines der hervorragenden frühgotischen Beispiele des Farbspiels mit glasierten und unglasierten Steinen.

Schmuckformen des Backsteins

Bei der zunehmenden Schmuckfreudigkeit der Gotik konnte der Steinmetz Zierrat einzeln mit dem Meißel aus dem Naturstein herausarbeiten. Beim Backstein benutzte man stattdessen vorgefertigte Formsteine zum Zusammensetzen von Friesen und Gesimsen. Dabei ist es interessant, welche Wanderungen verschiedene Motive durchmachten: Der Kreuzbogenfries etwa kam aus Spanien nach Mecklenburg. Reihen aus pflanzlichen, tierischen und menschlichen Figuren wurden als Terrakotten nach einem Modell mehrfach geformt und glasiert.

Zierformen

Formsteine ermöglichten schon der spätromanischen Baukunst eine Bereicherung durch Friese und Gesimse. Dabei ist es interessant, die Wanderung verschiedener Motive durch ganz Europa zu verfolgen. Nachvollziehbar ist dies etwa am Beispiel des Kreuzbogens, der aus der Durchdringung von Rundbögen entstanden ist. Seine erste Ausprägung findet sich an der 999 erbauten ehemaligen Moschee in Toledo, Spanien (Abb. 82), die nach der Eroberung durch die Christen 1085 zur Kirche Cristo de la Luz umgebaut wurde. Hier entstand im Geist der maurischen Baukunst der Kreuzbogenfries aus der Überlappung zweier Hufeisenbogenfriese, die gebildeten Spitzbögen sind deshalb noch bogenförmig nach unten eingezogen. Beim Bau des Stadttores Puerta del Sol (Abb. 83) im 12. Jahrhundert verwendete man Rundbögen, so dass in der Überschneidung echte Spitzbögen entstanden. Durch Pilger auf dem Weg nach Santiago de Compostela oder Kämpfer der Reconquista – der Befreiung Spaniens von den Mauren – gelangte das Motiv nach Oberitalien, wo es vom frühen 12. Jahrhundert an sehr häufig, z.B. am Dom in Fidenza (Abb. 84) vorkommt.

Alle bisherigen Beispiele beziehen sich auf Backsteinbauten, doch gibt es den Kreuzbogenfries auch bei Werksteinbauten, so etwa am Dom von Modena (Abb. 85). Das früheste Beispiel in Deutschland dürfte der Chor der Klosterkirche von Jerichow sein (Abb. 86), deren Bau 1148 begonnen wurde.

82 Kreuzbogenmotiv an der Kirche Cristo de la Luz in Toledo, 1085

83 Stadttor, Puerta del Sol, 12. Jahrhundert

84 Dom von Fidenza, 12. Jahrhundert

88 Westtürme des Lübecker Doms, um 1180

85 Kreuzbogen aus Werkstein, Dom von
Modena, 12. Jahrhundert

89 Erhaltener Teil des Vorgängerbaus der
Klosterkirche in Bad Doberan, nach 1186

86 Kloster Jerichow, ab 1148

90 Dorfkirche Vietlübbe, um 1205/15

87 Ratzeburger Dom, um 1160–1170

91 Altenkirchen, Rügen, um 1200

93 Schema des Kreuzbogenfrieses am Hauptgesims der Zisterzienserkirche in Oliva bei Danzig

Um 1160–70 taucht der Kreuzbogenfries am Dom in Ratzeburg auf (Abb. 87), gegen 1180 an den Westtürmen des Domes in Lübeck (Abb. 88), nach 1186 an der alten Klosterkirche von Bad Doberan (Abb. 89). Schließlich strahlt er von den Großbauten auch auf Dorfkirchen wie die von Vietlübbe, Kreis Nordwestmecklenburg (Abb. 90), oder Altenkirchen auf Rügen (Abb. 91) aus.

Die Beliebtheit dieses spätromanischen Motivs gerade im Backsteinbau erklärt sich aus der begrenzten Zahl der dafür erforderlichen Formsteine, wie man in dem instruktiven Museum im Kloster Jerichow (Abb. 92) erfahren kann. Allerdings benötigte man für den Untergrund, in den der Kreuzbogenfries ein-

92 Nur wenige Formsteine benötigt man für den Kreuzbogenfries.

gebunden ist, zusätzliche Formsteine oder entsprechend zugehauene einfache Backsteine. Das demonstriert eine Zeichnung des Kreuzbogenfrieses vom Hauptgesims der Zisterzienserkirche in Oliva bei Danzig (Abb. 93).

Neben dem Kreuzbogenfries tritt gleichzeitig auch der einfache Bogenfries auf – zum Beispiel am Dom in Ratzeburg (Abb. 94) – obwohl er altertümlicher wirkt. Über beiden Friesen liegt hier wie auch bei der Stadtkirche von Grevesmühlen, Kreis Nordwestmecklenburg (Abb. 95), ein so genanntes Deutsches Band, bestehend aus über Eck gestellten Backsteinen. Der Name täuscht, denn schon an der Moschee in Toledo findet sich ein ähnliches Motiv. Vor allem aber bei romanischen Backsteinbauten in Oberitalien findet sich das so genannte Deutsche Band neben Bogenfries und Lisenengliederung als typisches Gliederungselement des 12. Jahrhunderts.

Rundbogenfriese können auch in steigender Form eine Giebelschräge begleiten, so etwa beim Chor der Stadtkirche von Klütz, Kreis Nordwestmecklenburg (Abb. 96), oder in Oberitalien bei Sant'Ambrogio in Mailand. Bei frühgotischen Bauten wie dem Karner von Bad Doberan (Abb. 97) wandelte sich der Rundbogenfries zu einem Fries aus Kleeblattbögen, nun mit differenzierten Profilen aus teilweise glasierten Formsteinen.

94 Einfacher Bogenfries neben Kreuzbogenfries am Ratzeburger Dom

95 Deutsches Band und einfacher Rundbo-
gen an der Stadtkirche von Grevesmühlen

96 Steigender Rund-
bogen am Giebel der
Kirche von Klütz

97 Kleeblattbögen am
Doberaner Karner

98 Rautenfries am östlichen Chorjoch des Ratzeburger Doms, ab 1165

100 Rautenfries an der Dorfkirche von Vietlübbe, um 1205/15

99 Rautenfries an der ehemaligen Moschee in Toledo, um 1000

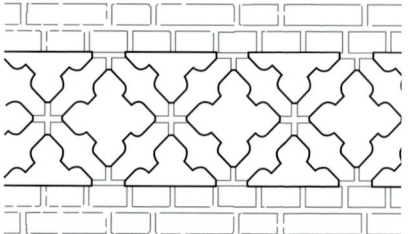

101 Schema eines Vierpass-Frieses

Am östlichen Chorjoch des Domes in Ratzeburg (Abb. 98) besteht – vielleicht aus Mangel an gebogenen Formsteinen – der Fries aus einer Art Rautenmuster, das in ähnlicher Gestalt an der Dorfkirche von Vietlübbe, Kreis Nordwestmecklenburg (Abb. 100), zu sehen ist. Auch dieses Motiv tritt schon 999 an der ehemaligen Moschee in Toledo (Abb. 99) auf, woraus man ersehen kann, wie weit entwickelt die Backsteinornamentik der maurischen Kunst war. Mit dem Deutschen Band und dem Kreuzbogenfries gelangte die Raute über Oberitalien nach Norddeutschland. Mit der Produktion verschiedener Formsteine konnte man in der Gotik bald auch reichere Friese – etwa aus Vierpässen (Abb. 101) – gestalten.

Echtes Maßwerk hatte in der Backsteinbaukunst keine so große Bedeutung wie in der Hausteinarchitektur. Seine Entstehung kann man aber auch im Backsteingebiet recht gut

verfolgen, vornehmlich an den Ostfassaden gerade geschlossener Chorbauten. Die Dorfkirche von Sanitz, Kreis Bad Doberan (Abb. 102), hat noch drei einzelne Rundbogenfenster, jedoch gleichmäßig um das mittlere, leicht erhöhte, gruppiert. Da man mit Feldsteinen schlecht Gewände mauern konnte, benutzte man dafür Backsteine. Das ist auch noch beim Südfenster des Langhauses derselben Kirche so (Abb. 103), nur sind hier aus den drei romanischen Rundbogenfenstern schon die typischen spitzbogigen Lanzettfenster der Frühgotik geworden.

Bei der Marienkirche in Klütz, Kreis Nordwestmecklenburg (Abb. 104), wurde das Ganze in gereifter Backsteintechnik ähnlich mit eingestreuten glasierten Steinen ausgeführt. Noch sind es aber bei der Ostwand des Chores drei Fenster, die durch Wandflächen voneinander getrennt sind, während beim

102 Romanische Rundbogenfenster an der
Sanitzer Dorfkirche, um 1230

104 Gereifte Backsteintechnik mit glasierten Steinen, Kirche von Klütz, um 1230/40

103 Frühgotische Lanzettfenster am südlichen Langhaus, Sanitz

105 Südliches Langhaus Bad Sülze, Pfeiler
mit aufgelegten Runddiensten, nach 1260

Südfenster des Schiffes in Bad Sülze, Kreis
Nordvorpommern (Abb. 105), Pfeiler mit aufgelegten Runddiensten auftauchen. Das Ostfenster des Chores der Stadtkirche von Bad
Sülze (Abb. 106) umschließt das Ganze mit
einem Spitzbogen und schafft damit ein Maß-
werkfenster, zu dessen reiner Form nur noch
die hell geschlämmten Zwickelflächen in Glasflächen hätten aufgelöst werden müssen.

106 Blendwerk mit gestaffelter Drei-
fenstergruppe der Stadtkirche Bad Sülze

107 Blendnischen als Wandgliederung am nördlichen Langhaus der Stadtkirche in Grevesmühlen, Mitte 13. Jahrhundert

Ein frei in Glasflächen stehendes figurenreiches Maßwerk war aus vorgefertigten Formsteinen schwerer zu mauern als aus einzeln herausgemeißelten Werksteinteilen, außerdem war es witterungsanfälliger. Man bevorzugte deshalb im Backsteinbau Blendfelder, bei denen die Gliederung auf ein vertieftes, meist weiß geschlämmtes Wandfeld gelegt wurde. In spätromanischer Form aus der Mitte des 13. Jahrhunderts finden sich derartige Blendfelder auf der Nordseite der Stadtkirche von Grevesmühlen, Kreis Nordwestmecklenburg (Abb. 107), und etwa zur gleichen Zeit als reich verzierte Blendrosetten am Karner von Bad Doberan (Abb. 108). Besonders beliebt war es, die Giebelfelder der gerade schließenden Chorbauten mit Blendgliederungen zu überziehen. In Dreveskirchen, Kreis Nordwestmecklenburg (Abb. 109), rahmten in der Zeit nach 1250 Reihen kleinerer Spitzbögen ein großes, den gesamten Giebel beherrschendes Kreuz, das über einer Mandorla steht.

108 Weiß geschlämmte Blendfelder am Karner von Bad Doberan, um 1250

109 Quadratischer Chor mit mehrzonigem Blendgiebel über gestaffelter Dreifenster-
gruppe, Dreveskirchen, um 1245/55

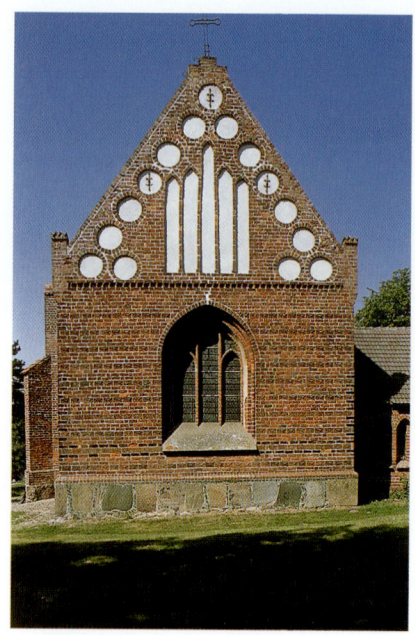

110 Zusammengefasste Blendfelder am Chorgiebel in Bad Sülze, um 1260

111 Rundblenden am Kastenchor in Steffenshagen, um 1280

Beim Chor der Stadtkirche von Bad Sülze (Abb. 110) werden, ähnlich wie beim Ostfenster, auch im Giebel je drei Blendfelder durch einen Überfangbogen zusammengefasst. Auch treten hier im oberen Teil der Giebelschrägen Kreise auf, die etwa in Steffenshagen, Kreis Bad Doberan (Abb. 111), am Chorgiebel ins Monumentale gesteigert werden. Aus diesen frühgotischen Ansätzen entwickelten sich in der Hochgotik reiche Giebelformen, die ihren Höhepunkt im bald nach 1298 entstandenen Chorgiebel der Marienkirche von Neubrandenburg (Abb. 112) fanden.

Dass es in Mecklenburg-Vorpommern nur wenige derart aufwendige Chorgiebel gibt, liegt an den Umgangschören, die bei den großen Backsteinbasiliken in den Hansestädten in der Nachfolge der Marienkirche von Lübeck bevorzugt wurden. Schaugiebel treten bei diesen Bauten nur an Querschiff-Fassaden und Kapellenanbauten auf, wie zum Beispiel beim südlichen Kapellengiebel von St. Georgen in Parchim aus dem 15. Jahrhundert (Abb. 113) und bei der 1394 erwähnten Nordkapelle am Chor der Georgenkirche von Wismar.

Im Übrigen aber gibt es den Schmuckgiebel in aufwendiger Form bei Rathäusern wie etwa demjenigen von Grimmen (Abb. 114), bei Stadttoren wie, besonders aufwendig, in Neubrandenburg (Abb. 115) und bei Bürgerhäusern wie am Markt 11 in Greifswald (Abb. 116). Schmuckgiebel waren weniger im Kirchenbau, dafür aber besonders im Profanbau ein wichtiges Gestaltungselement der Backsteingotik.

113 Südlicher Schmuckgiebel, St. Georgen in Parchim

112 Prunkvolles Maßwerk am Ostgiebel von St. Marien, Neubrandenburg

114–116 Aufwendige Giebel an Profanbauten, von links: Rathaus in Grimma, Stadttor von Neubrandenburg, Bürgerhaus Markt 11 in Greifswald

117 Würfelkapitelle, Dom in Ratzeburg, um 1200

118 Knospen- und Rankenkapitelle, Klosterkirche Doberlug, um 1220

Kapitelle

Die Kapitelle der spätromanischen und frühgotischen Portale sind offensichtlich einzeln aus
Ton geformt und dann gebrannt worden. Jedes der Würfelkapitelle am Dom in Ratzeburg
(Abb. 117) aus der Zeit um 1200, die Knos-
pen- und Rankenkapitelle an der Zisterzienserkirche in Doberlug (Abb. 118) von ca. 1220
und, etwa aus der gleichen Zeit, die Kapitelle
am Südportal der Stadtkirche von Gadebusch,
Kreis Nordwestmecklenburg (Abb. 119), unterscheiden sich deutlich voneinander.

Figuren

In der Mitte des 13. Jahrhunderts finden zu-
nehmend figürliche Formen an Portalen und
Pfeilern Verwendung. Beim ehemaligen Südportal der Marienkirche von Anklam, Kreis
Ostvorpommern (Abb. 120), sitzen über den
originellen Kapitellen in Gestalt von Sand-
uhren primitiv geformte menschliche Halb-
figuren, deren Gesichter erkennen lassen, dass
sie einzeln angefertigt wurden. Gleiches gilt
auch für die ganzfigurigen Menschendarstel-
lungen an den Kelchkapitellen von Steffenshagen (Abb. 121). In der zweiten Hälfte des
13. Jahrhunderts werden Konsolen häufig in
Form menschlicher Köpfe als Auflager für Rippen ausgebildet, zum Beispiel im Chor der

119 Florale und figurative Kapitelle, Südportal der Stadtkirche von Gadebusch, um 1215/20

Georgenkirche von Wismar (Abb. 122, 123).
Auch dabei handelt es sich um Einzelanfertigungen aus gebranntem Ton, vereinzelt auch
aus Naturstein oder Stuck.

120 St. Marien, Anklam, eingestellte
Figuren am ehemaligen Südportal

121 Figuren am Chorportal der Dorfkirche Steffenshagen, um 1280

122 Kopfkonsole am Ende eines Dienstes,   123 Kopfkonsole, St. Georgen, Wismar,
St. Georgen, Wismar   Ende 13. Jahrhundert

124 Aus Tonmodeln hergestellter Figurenfries am Chor der Dorfkirche von Steffenshagen, letztes Viertel des 13. Jahrhunderts

Einzelanfertigungen waren auf die Dauer zu zeit- und damit kostenaufwendig. Mit dem wachsenden Bedürfnis nach figürlichem Schmuck auch im Backsteinbau begann man, Reliefs mit tierischen oder menschlichen Figuren in Formen zu pressen, zu brennen und als Friese oder Einzelfiguren zu vermauern.

Ein besonders frühes Beispiel dafür ist der Chor der Dorfkirche von Steffenshagen (Abb. 124), der in das letzte Viertel des 13. Jahrhunderts zu datieren ist. Hier wechseln sich Friese aus Weinranken mit solchen aus stilisierten Löwen, Greifen, Leoparden und Tigern ab. In der Spätgotik werden die Reliefs dann glasiert, wie man an St. Georgen in Wismar (Abb. 125 und 126) erkennen kann. Hier folgt auf eine menschliche Fratze jeweils ein Drache und ein Löwe. Mit diesen zahlreichen Formsteinen, glasierten Backsteinen und figürlichen Reliefs erreichte die Backsteintechnik im 15. und frühen 16. Jahrhundert ihren Höhepunkt.

Bei einigen Bauten der Renaissance in Mecklenburg-Vorpommern, zum Beispiel in Schwerin (Abb. 127), Gadebusch (Abb. 128) und am bis 2003 restaurierten Fürstenhof in

125, 126 Terrakottaschmuck an St. Georgen in Wismar, Ende des 15. Jahrhunderts

127 Renaissance-Schmuck am Schweriner Schloss

128 Strenge Renaissance-Gliederung an Schloss Gadebusch

Wismar (Abb. 129) findet man als Besonderheit noch in der zweiten Hälfte des 16. Jahrhunderts reichen Terrakotta-Schmuck, dessen Formen auf den Einfluss Oberitaliens hin deuten. Wie bei ungegliederten Flächen schon länger wurde Backstein ab diesem Zeitpunkt lediglich als preiswertes Baumaterial geschätzt und durch Putz und Anstrich wie Mauerwerk aus Naturstein behandelt. Die eigentliche Backsteinbaukunst endete damit. Erst als Karl Friedrich Schinkel sie ab 1824 mit seiner Friedrichswerderschen Kirche in Berlin wieder aufgriff, erfuhr sie in der Neogotik eine neue Blütezeit.

129 Renaissance-Fassade des Fürstenhofes in Wismar mit halbplastischen Terrakottabändern nach Vorbildern oberitalienischer Palastarchitektur

Bauformen

Dieses Kapitel behandelt die Ent-
wicklung der Bauformen gotischer
Backsteinbasiliken, das heißt ihres
Grundrisses und ihrer Raumpropor-
tionen, ihrer Pfeilerprofile, ihres
Wandaufbaus und ihrer Außen-
baugestaltung.

- *Von der Basilika zur Hallenkirche*
- *Lübeck und Nordfrankreich*
- *Frühe Nachfolgebauten*
- *Spätgotische Nachfolgebauten*
- *Ausklang der Gotik*
- *Entwicklung der Bauformen*

Von der Basilika zur Hallenkirche

Die Stiftungen Heinrichs des Löwen

Die ersten großen romanischen Backsteinkirchen in Norddeutschland waren Basiliken. Die Dome in Ratzeburg und Lübeck wurden durch Herzog Heinrich den Löwen gefördert. Sie orientierten sich an dem ab 1173 ebenfalls von Heinrich erbauten Dom in Braunschweig (Abb. 1, 2).

Die dreischiffige Basilika weist im Osten eine Apsis an einem Chorquadrat auf, das den Maßstab auch für das Querschiff und die vier Joche des Langhauses bestimmt. Da das Mittelschiff die doppelte Breite der beiden Seitenschiffe hat, kommen auf jedes seiner großen Joche zwei kleine Joche. So wechselt immer ein starker Hauptpfeiler mit einem kleinen Zwischenpfeiler ab, der zusammen mit den Vorlagen der Hauptpfeiler die Arkadenbögen und den darüber liegenden Obergaden trägt.

Diese Grundrissform baut auf dem quadratischen Schematismus der salischen Baukunst auf. Dort bestimmten das Chorquadrat oder die Vierung den quadratischen Aufbau des gesamten Baus. Wegen der Verbindung mit einer Einwölbung spricht man auch vom Gebundenen System. Beim Braunschweiger Dom wurde als Raumabschluss für das Mittelschiff eine spitzbogige Tonnenwölbung mit Stichkappen über den in sie einschneidenden Obergadenfenstern gewählt.

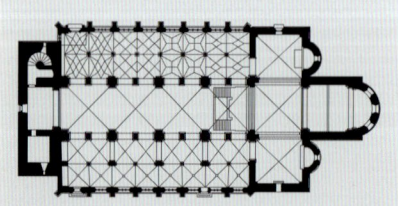

1 Braunschweig, Dom, Grundriss im Gebundenen System

4 Ratzeburg, Dom, Äußeres von Süden mit Vorhalle und Turm im Westen

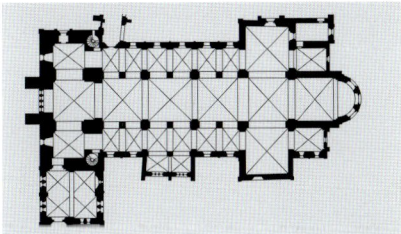

3 Ratzeburg, Dom, Wechsel von Haupt-pfeilern und zwei Arkadenbögen

5 Ratzeburg, Dom, Grundriss im Gebunde-nen System

Der Dom in Ratzeburg

Die Verwandtschaft des von Heinrich dem Löwen gestifteten Domes in Braunschweig mit dem Dom in Ratzeburg (Abb. 3–5), der ebenfalls durch den Herrscher gefördert wurde, ist offensichtlich. Während jedoch im Mittelgebirge des südlichen Niedersachsen Werkstein für den Braunschweiger Dom zur Verfügung stand, wurde beim Dom in Ratzeburg ab 1160/70 wohl erstmals für einen monumentalen Kirchenbau dieser Größenordnung Backstein verwendet.

Da der zweite Bischof von Ratzeburg zuvor als Propst des Prämonstratenserklosters in Jerichow gewirkt hatte, ist es wahrscheinlich, dass die Backsteintechnik von dort übernommen wurde. Der romanische Kirchenbau Jerichows ist besser erhalten als der Dom in

Braunschweig, denn er besitzt noch seine beiden romanischen Seitenschiffe. Im Unterschied zur durchlaufenden Spitzbogentonne in Braunschweig werden in Ratzeburg (Abb. 3) die drei Mittelschiffgewölbe durch Gurtbögen in Joche gegliedert und mit Kreuzgratgewölben überdeckt, die aus zwei sich durchdringenden, spitzbogigen Tonnen gebildet werden.

Etwa gleichzeitig mit dem Ratzeburger Dom entstanden der Dom in Lübeck und die Stiftskirche in Bad Segeberg, Schleswig-Holstein, als romanische Backsteinbasiliken, in ähnlicher Gestalt möglicherweise auch der erste Dom in Schwerin, der nach der Verlegung des Bistums vom Dorf Mecklenburg hierher 1167/71 entstand.

telschiff an eine Basilika erinnern, entstand mit der neuen Kathedrale Saint-Pierre (Abb. 6) von 1166–1271 die erste echte Hallenkirche mit breiten Seitenschiffen, die in der Höhe dem Mittelschiff gleichen. Dieser gotische Gewölbebau wurde zum Vorbild für die in Westfalen ungefähr ab 1225 entstehenden Hallenkirchen in Herford (Münsterkirche) (Abb. 9) und Paderborn (Dom), die bald zahlreiche Nachfolger erhalten sollten.

Wenig später bildete sich, ausgehend von der ab 1235 erbauten Elisabethkirche in Marburg (Abb. 8), eine hessische Baugruppe von Hallenkirchen, bei der im Unterschied zur westfälischen die Seitenschiffe schmal wie bei einer Basilika blieben. Angesichts der Begeisterung für die neue Raumidee beschränkte man sich nicht auf Neubauten, sondern gestaltete auch romanische Basiliken zu Hallenkirchen um.

6 Poitiers, Kathedrale Saint-Pierre, südliches Seitenschiff

7 Poitiers, Notre-Dame-la-Grande. Mittel- und Seitenschiffe sind gleich hoch.

8 Marburg, Elisabethkirche, Vorbild der hessischen Hallenkirchen

Die ersten Hallenkirchen

Im zweiten Viertel des 13. Jahrhunderts setzte sich im Kirchenbau Deutschlands eine neue Raumform durch, die der Hallenkirche. Ihr Ursprung liegt im Poitou (Südwestfrankreich), wo bereits im 12. Jahrhundert romanische Gewölbebauten mit drei gleich hohen Schiffen, zum Beispiel die alte Kathedrale Notre-Dame-la-Grande in Poitiers (Abb. 7). Während hier noch die schmalen Seitenschiffe und das um die Wölbung höhere Mit-

9 Herforder Münster. Mit Siedlern aus Westfalen kam der Typ der Hallenkirche an die Ostsee.

11 Die Südwand des Langhauses mit freiem Durchblick zum Seitenschiff

10 Die Nordwand des Langhauses im sog. Gebundenen System

Die Klosterkirche in Flechtdorf

Die Hallenkirche entwickelte sich von der Mitte des 13. Jahrhunderts an zur beliebtesten Raumform für die Pfarrkirchen in den aufblühenden Städten. Auch die Zisterzienser verwendeten in Haina (Nordhessen) diese Form, ebenso die Benediktiner, die in Flechtdorf, Hessen (Abb. 10–14), um 1170–80 eine dreischiffige romanische Basilika erbauten und um 1225–30 damit begannen, sie in eine Hallenkirche umzubauen, ihr Vorhaben aber aus unbekannten Gründen nicht zu Ende führen konnten.

So ist auf der Nordseite der Klosterkirche in Flechtdorf (Abb. 10) noch das Gebundene System mit dem Wechsel großer Hauptpfeiler und niedriger, einfacher Zwischenpfeiler erhalten, darüber die Obergadenwand mit je einem Rundbogenfenster. Auf der Südseite (Abb. 11) wurde all dies herausgebrochen, so

dass sich zum Seitenschiff je ein großer Bogen ergab, der die Verbindung zum neuen Seitenschiff herstellte, das in gleicher Höhe zum Mittelschiff aufgeführt wurde.

Die technische Meisterleistung besteht darin, dass bei diesem durchgreifenden Umbau die romanischen Kreuzgratgewölbe des Mittel-

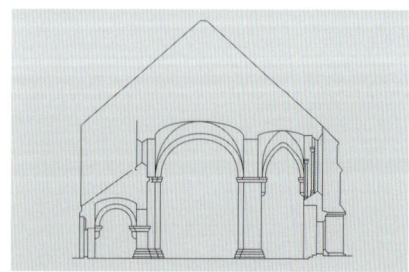

12 Die Klosterkirche in Flechtdorf im Querschnitt mit niedrigem und hohem Seitenschiff

15 Mit niedrigem Kreuzgratgewölbe: das nördliche Seitenschiff nach Osten

13 Das südliche Seitenschiff nach Osten, gleich hoch wie das Mittelschiff und lichtdurchflutet

schiffes erhalten blieben. Dass sie nicht eingestürzt sind, ist wohl auf die Aussteifung des Mittelschiffes mit einem Wald von Holzstämmen zurückzuführen.

Der Unterschied zwischen dem niedrigen, dunklen Seitenschiff im Norden (Abb. 15) und dem lichterfüllten südlichen Schiff (Abb. 13)

14 St. Martini in Braunschweig: von einer Basilika zur Hallenkirche umgebaut

in Höhe des Mittelschiffes erklärt die Beliebtheit der neuen Raumform. Sie griff auf viele bereits bestehende Basiliken über, so zum Beispiel in Braunschweig. Dort waren im Anschluss an die Erbauung des Domes 1166 bis 1226 in der ersten Hälfte des 13. Jahrhunderts die drei großen Pfarrkirchen St. Andreas, St. Katharinen und St. Martini (Abb. 14) als dreischiffige Basiliken erbaut worden. Schon bald nach ihrer Fertigstellung um die Mitte des 13. Jahrhunderts wurden sie zu Hallenkirchen umgestaltet, auch hier unter Erhaltung der Mittelschiffgewölbe.

16 Lübeck, St. Marien. Der eckige romanische Pfeiler blieb bei allen Umbauten stehen.

17 Lübeck, St. Marien, Spuren der Hallenkirche: Vor die romanischen Pfeiler traten Dienste.

18 Lübeck, St. Marien, Spuren der Hallenkirche in Gestalt der altertümlichen Gewölbedienste

St. Marien und Dom in Lübeck

Die Marienkirche ist die Hauptpfarrkirche der 1143 erstmals und 1158/59 endgültig von Heinrich dem Löwen gegründeten Stadt Lübeck. Ab 1163 entstand zunächst ein provisorischer Holzbau, in der Urkunde von 1170 als ‚ecclesia forensis' bezeichnet. Um etwa 1200 wurde er durch eine monumentale Backsteinbasilika nach dem Vorbild des Lübecker Domes ersetzt, an Größe diesen noch überragend.

Damit begann der Wettstreit zwischen Dom und Hauptpfarrkirche, den diese letztlich gewann. Kaum war die spätromanische Backsteinbasilika vollendet, als man sie – wie in Flechtdorf oder Braunschweig – um die Mitte des 13. Jahrhunderts in eine Hallenkirche umbaute. Die romanischen Hauptpfeiler wurden dabei wieder verwendet. Ein Paar an der Grenze zwischen ehemaligem Querschiff und Langhaus (Abb. 16) ist bei allen Umbauten stehen geblieben und im Mittelschiff heute noch an den wuchtigen, im Vergleich zu den gotischen Bündelpfeilern grob wirkenden Kreuzpfeilern zu erkennen.

Die Seitenschiffe wurden beim Umbau zur Halle stark verbreitert und in der Höhe dem Mittelschiff angepasst. Reste dieser Hallenkirche sind am heutigen Bau nur bei intensiver Suche zu erkennen (Abb. 17, 18).

Man findet solche Reste an der Grenze zwischen Chor und Langhaus, in den Vorlagen an den Außenseiten der Seitenschiff-Fenster, und an den entsprechenden, aus den romanischen Pfeilern herausgearbeiteten Diensten an den Innenseiten. Dabei verwendete man erstmals Formsteine aus einem Viertelkreis, die später weite Verbreitung fanden.

Da an der erwähnten Stelle der Querschnitt der frühgotischen Halle und am Grundriss der heutigen Marienkirche ihre Länge abzulesen ist, kann man sich von der Hallenkirche ein gutes Bild machen. Zu ihr gehörte ein einzi-

19 Lübeck, Dom, Diagonalblick vom
Hauptschiff in das nördliche Seitenschiff

20 a-c Lübeck, Dom. Beim Umbau von
der Basilika zur Halle wurden die
Arkadenbögen herausgebrochen.

ger mittlerer Westturm, dessen Stumpf zwischen der späteren Doppelturmfassade erhalten ist. In dieser neuen Raumgestalt wurde die Marienkirche wohl nie ganz vollendet. Wäre dem so gewesen und stünde sie heute noch, wäre sie mit sechs Mittelschiffjochen die größte Hallenkirche Deutschlands. Ihre Vorbilder waren die frühen westfälischen Hallenkirchen in Herford und Paderborn. Mehrere Nachfolgebauten erhielt sie im Gebiet des heutigen Mecklenburg-Vorpommern, mit dem Dom aber auch in Lübeck selbst.

Nachdem dort 1173/74 mit dem Bau einer romanischen Backsteinbasilika begonnen wurde, die um 1220/30 im Rohbau vollendet war, entschloss man sich 1266 zur Vergröße-

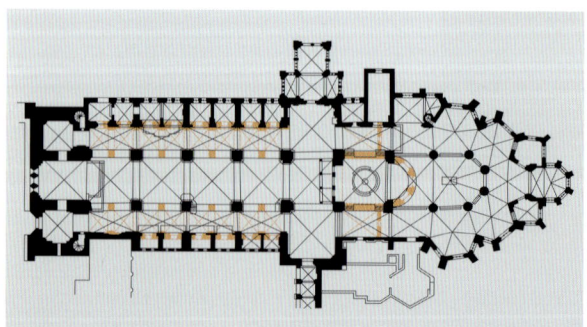

21 Lübeck, Dom, Grundriss der romanischen Backsteinbasilika (orange) und Grundriss der späteren Hallenkirche

rung des Chores (Abb. 21), wofür man die romanische Hauptapsis abbrach. An das romanische Chorquadrat wurde ein Umgangschor mit einem Kapellenkranz angefügt, der im Grundriss den Vorbildern der nordfranzösischen Kathedralen in Soissons und Quimper, im Hallenaufbau dagegen dem Dom in Verden folgt. Der Machtkampf zwischen dem Lübecker Bischof und der immer mächtiger werdenden Bürgerstadt führte 1277 zu einer Bauunterbrechung bis 1329/30. Erst der tatkräftige Bischof Bocholt konnte den Chor 1335 vollenden.

Danach wurde das romanische basilikale Langhaus (Abb. 19) zu einer Hallenkirche umgebaut. Dabei ging man ähnlich wie bei

der Klosterkirche in Flechtdorf vor: Man brach die Zwischenpfeiler und Obergadenwände unter Erhaltung der Mittelschiffgewölbe heraus (Abb. 20 a–c) und errichtete die Seitenschiffe in gleicher Höhe neu (Abb. 22 a, b). Auch hier muss man die technische Kühnheit des Umbaus bewundern, der bis zur Schlussweihe 1341 nur wenige Jahre in Anspruch nahm.

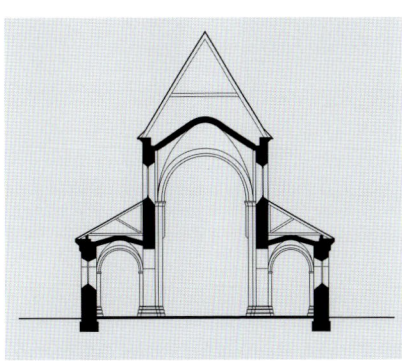

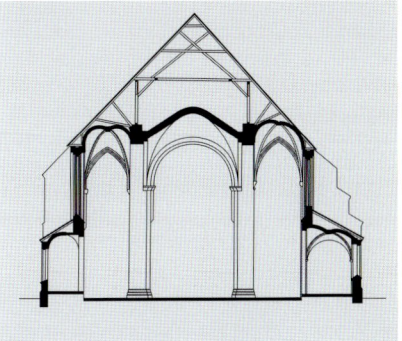

22 a Lübeck, Dom, Basilika   **22 b Lübeck, Dom, Hallenkirche**

Ehemalige Klosterkirche St. Marien in Bergen auf Rügen

Da die Christianisierung der wendischen Mark erst im letzten Drittel des 12. Jahrhunderts einsetzte, gab es dort nicht sehr viele romanische Kirchen, auch Umbauten romanischer Basiliken zu gotischen Hallenkirchen sind deshalb relativ selten. Die heutige Stadtkirche St. Marien in Bergen auf Rügen (Abb. 26) wurde um 1180 von Fürst Jaromar I. von Rügen wohl als Eigenkirche in der Nähe seiner Burg begonnen, 1193 wurde sie zur Klosterkirche eines Benediktiner-Nonnenklosters, ab 1380 war sie zugleich Pfarrkirche der 1314 erstmals erwähnten ‚villa montis'.

24 Bergen, Stadtkirche, Mauerrund der ursprünglichen Apsis von 1180

23 Bergen, Stadtkirche, Lisenen und Bogenfries an Querschiff und Chor

Es entstand zunächst eine dreischiffige romanische Basilika, die im 14. Jahrhundert zur Hallenkirche umgebaut wurde, wohl aus Anlass der Widmung als Pfarrkirche. Das Mauerwerk des Querschiffs und des Chorquadrats (Abb. 23) gehört noch weitgehend zum romanischen Bestand, wie man an der Lisenengliederung und dem Bogenfries erkennen kann. Der vermauerte Bogen in der Ostwand des Querschiffs weist auf die abgebrochene Seitenapsis hin. Die Hauptapsis (Abb. 24) wurde polygonal erhöht und mit Strebepfeilern versehen.

Im Inneren (Abb. 25) erkennt man an den Pfeilern noch die Ansätze der herausgebro-

chenen niedrigen Zwischenarkaden. Das Verfahren des Umbaus – Herausbrechen der Zwischenpfeiler, Arkaden und Obergadenwände sowie Erhöhung der Seitenschiffe auf das Maß des Mittelschiffes – glich denjenigen in Flechtdorf und Lübeck (Dom).

25 Bergen, Stadtkirche, Pfeiler mit Resten der Zwischenarkaden des Baus von 1180

26 Bergen, Stadtkirche. Der wuchtige Westbau der ursprünglichen romanischen Kirche erhielt beim Umbau zur Hallenkirche einen Turm.

27 Gadebusch, St. Jakob und St. Dionysius. Die Raumwirkung als Halle wird durch den fast quadratischen Grundriss verstärkt.

28 Ratzeburg, Dom, Südvorhalle. Die Detailformen ,wanderten' zu den Neubauten im Ostseeraum.

Stadtkirche St. Jakob und St. Dionysius in Gadebusch

Bei ihrer relativ späten Gründung in der ersten Hälfte des 13. Jahrhunderts nahmen sich die Städte an der Ostsee für ihre Kirchenbauten nicht mehr die romanische Backsteinbasilika St. Marien in Lübeck zum Vorbild, sondern orientierten sich an deren Hallenumbau.

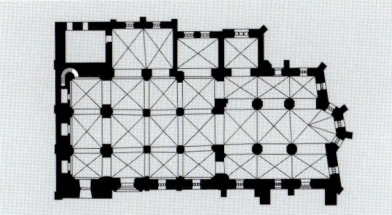

29 Gadebusch, Stadtkirche, Grundriss

Als später aber die Lübecker Marienkirche einen weiteren Umbau zur gotischen Basilika erfuhr, folgten die Hansestädte der wendischen Mark auch darin. Der Hallenzustand ihrer Kirchen ist deshalb nur noch in einzelnen Resten erhalten. Möchte man sich von den frühgotischen Hallenkirchen aus Backstein ein Bild machen, eignet sich dafür am besten die Stadtkirche in Gadebusch, Kreis Nordwestmecklenburg. Ihr Langhaus entstand ab 1215/20 als dreischiffige Hallenkirche von drei Jochen Länge (Abb. 27). Da das nördliche Seitenschiff fast so breit wie das Mittelschiff ist und das südliche mehr als die halbe Mittelschiffbreite umfasst, ist das Kirchenschiff im Grundriss (Abb. 29) fast quadratisch.

Darin folgt die Hallenkirche dem westfälischen Typ. Nach neuerer Forschung gilt dies nicht für Details der einzelnen Bauformen, die man eher von der Südvorhalle des Ratzeburger Domes (Abb. 28) ableitet. Dort gibt es auch eine flache, in der Mauerstärke liegende Apsis – wie einst in Gadebusch (Abb. 30), wo in den Ostwänden der Seitenschiffe Apsiden vorhanden waren, bevor man sie im Zusammenhang mit dem Neubau des Chores im 15. Jahrhundert zu Durchgängen umgestaltete.

30 Vor dem Umbau zur Halle lag eine Seitenapsis anstelle des heutigen Durchgangs zum Chor.

Lübeck und Nordfrankreich

St. Marien in Lübeck

Der Umbau der romanischen Basilika zur früh-gotischen Hallenkirche (Abb. 31a und b) war bei der Marienkirche in Lübeck noch nicht abgeschlossen, da kehrte man mit dem Neu-bau ihres Chores zum basilikalen System zu-rück (Abb. 31c), nun aber in Formen der fran-zösischen Kathedralgotik. Dies erfolgte nach 1266, dem Jahr, für das der Beginn des Dom-chor-Neubaus überliefert ist. Es fehlen Urkun-den für den neuen basilikalen Kathedralchor

von St. Marien, doch kann man aus den Nachfolgebauten auf einen Baubeginn um 1280 schließen.

Dieser erneute Wechsel der Bauform ist höchst erstaunlich, war doch die Hallenkirche zum be-vorzugten Typ bürgerlicher Pfarrkirchen in den aufblühenden Städten geworden – und dar-

31 Lübeck, St. Marien, Darstellung der drei Bauphasen

                 a Basilika   **b Hallenkirche**

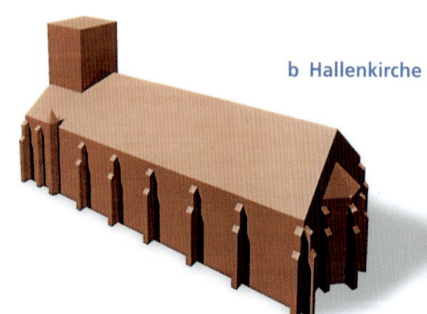

33 Lübeck, St. Marien, Chor der Basilika, von Strebewerk umfangen

über hinaus wäre sie zu dieser Zeit die größte Hallenkirche in Norddeutschland gewesen.

Welche Gründe gab es, innerhalb von 130 Jahren (etwa 1200–1330) ohne äußere Not, wie zum Beispiel einem Brand, zweimal die Bauform zu wechseln und nacheinander drei Großbauten von 80 Metern Länge zu errich-

c Basilika mit Umgangschor

ten, das heißt jeweils den gerade beendeten Vorgängerbau wieder abzubrechen? Zum einen erklärt man sich die Rückkehr zur Basilika aus den Handelsverbindungen mit Flandern, wo unter dem Einfluss der nordfranzösischen Kathedralen die Basilika weiterhin die beliebteste Raumform blieb.

In Frankreich entwickelte sich die Hallenkirche mit der Kathedrale Saint-Pierre in Poitiers zwar bis zur ausgereiften gotischen Gestalt, fand danach aber kaum noch Verwendung. Im Unterschied zu Deutschland, wo die Reichsgewalt als Stifter nach dem Ende der Staufer kaum noch eine Rolle spielte und die Bischöfe in den Bürgerstädten ihren Einfluss zu einem großen Teil verloren, waren diese in Frankreich die maßgeblichen Bauherren, nachhaltig unterstützt von den französischen Königen. So sahen wohl der Bischof und die Kaufleute von Lübeck in den riesigen Kathedralen der brabantischen und flandrischen Städte Tournai, Antwerpen, Brügge und Gent den Ausdruck von Bürgerstolz, wie er ja auch in den monumentalen, Belfried genannten Stadttürmen deutlich wird.

In Deutschland jedoch war solcher Bürgerstolz zu dieser Zeit nicht denkbar, da hier Gottesfurcht noch an erster Stelle stand. Deshalb waren religiöse Motive für die Rückkehr zur Basilika maßgeblich, wobei sich die vom Höhenrausch geprägte Basilika der Kathedralgotik ganz wesentlich von der eher erdgebundenen romanischen Basilika unterscheidet. Die Hallenkirche aber konnte in der Höhenentwicklung nicht mit der Basilika Schritt halten, wie ein Vergleich zwischen den Chorbauten des Lübeckers Doms (Abb. 32) und der Marienkirche (Abb. 33) erkennen lässt.

Während sich der Dom mit einer Raumhöhe von 20,5 Metern begnügen muss, erreichen die Mittelschiffgewölbe der Marienkirche (Abb. 36) ein Höhe von 38,3 Metern und entsprechen damit genau denjenigen der Kathedrale in Reims, dem klassischen Höhepunkt

34 Lübeck, St. Marien. Die Strebebögen und -pfeiler leiten das Gewicht des Gewölbes ab.

der Gotik. Bei Hallenkirchen (Abb. 37 unten) ist eine Raumhöhe von mehr als 27 Metern kaum zu erreichen. Zwar stützen Seitenschiffe das Mittelschiff dort ab, wo der Schub der Gewölbe auf die Außenmauern trifft. Für sie selbst ist aber in dieser großen Höhe kein Widerlager zu schaffen. Bei der Basilika übernehmen die offenen Strebebögen diese Aufgabe (Abb. 34) . Sie leiten die Kräfte auf die Strebepfeiler zwischen den Seitenschiffjochen ab. Durch dieses offene Strebewerk wird der Baukörper des Umgangschores weitgehend verhüllt (Abb. 35), während er bei der Hallenkirche klarer in Erscheinung tritt.

Mit der Ableitung der Schwerkraft über das Strebewerk nach außen war es zum einen möglich, Gewölbehöhen bis zu 46,75 Metern (Beauvais, Kathedrale) zu erreichen und zum anderen innen (Abb. 36) den Eindruck der Schwerelosigkeit zu erzeugen. Die Kathedrale als Abbild des Himmlischen Jerusalem soll-

te anscheinend nicht den irdischen Gesetzen von Last und Stütze unterliegen. Der Mensch des Mittelalters glaubte fest an eine leibliche Auferstehung nach dem Tode und stellte sich das Jenseits als eine herrliche Stadt vor, die an Schönheit das irdische Jerusalem – wichtigste Stätte der Christenheit – noch übertraf.

Grundriss des Chores der Marienkirche

Durch die über Flandern entstandenen Kontakte zu Nordfrankreich gelangte der französische Kathedralgrundriss mit Umgang und Kapellenkranz nach Lübeck (Abb. 38). An den aus fünf Seiten eines Achtecks gebildeten Hochchor schließt als Fortsetzung der Seitenschiffe des Langhauses ein Umgang an. Er öffnet sich in fünf polygonale Kapellen, mit denen er in

**35 Lübeck, St. Marien,
aufstrebende Baumassen von Osten**

36 Lübeck, St. Marien nach Osten mit Durchblick in die Marientidenkapelle

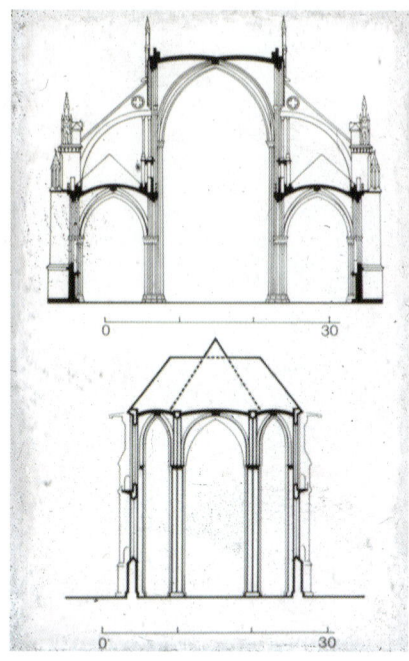

37 Querschnitte: gotische Basilika (oben), gotische Halle (unten)

einem gemeinsamen Gewölbe zusammengezogen ist. Bei der Marienkirche in Lübeck (Abb.
38, 39) wurde vor 1444 anstelle der ursprünglichen Chorscheitelkapelle die weit nach Osten herausragende Marientidenkapelle er-

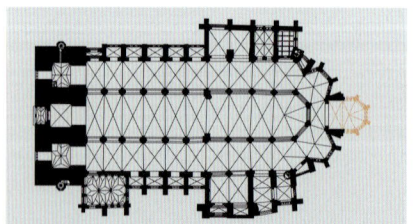

38 Lübeck, St. Marien, Chor, Grundriss mit Marientidenkapelle

baut. Beim Dom erfolgte ein solcher Eingriff
nach 1440, wobei hier noch zwei weitere Kapellen im süd- und nordöstlichen Zwickel entstanden. Die Polygone der Kapellen wirkten
am Außenbau ursprünglich stärker als heute
wie selbstständige Baukörper. Zwischen ihnen
liegen tiefe Nischen, in die Strebepfeiler ge-
stellt sind, welche die Schubkräfte aus den
Hochschiffgewölben aufnehmen.

Diese Anordnung entspricht den Gepflogen-
heiten der Kathedralgotik in Frankreich, während das Zusammenziehen der Kapellenge-
wölbe mit denen des Chorumgangs zu einem
einzigen sechsteiligen Gewölbe eine Besonderheit darstellt. Die Sonderform der gemeinsamen Gewölbeausbildung für Umgang und
Kapellen findet sich in den Chorbauten der

39 Lübeck, St. Marien, Chor mit Marientidenkapelle rechts

nordfranzösischen Kathedralen in Soissons, um 1170–1212 (Abb. 40), Bayonne (ab 1213), Quimper (ca. 1240–1300) und im brabantischen Tournai (1242–55). Diese Lösung bedeutete gegenüber der klassischen Form, wie zum Beispiel bei der Kathedrale in Reims, 1211–21 (Abb. 41), eine wesentliche bautechnische Vereinfachung. Deshalb wurde sie bei allen Nachfolgebauten der Marienkirche in Lübeck beibehalten.

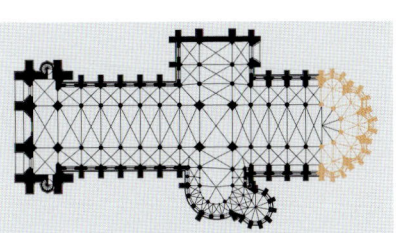

40 Soissons, Kathedrale, Grundriss mit fünfteiligem Kapellenkranz

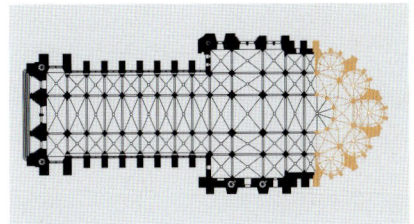

41 Reims, Kathedrale, Grundriss mit fünfteiligem Kapellenkranz

42 Amiens, Kathedrale, Chor mit Strebewerk und Kapellenkranz mit Pyramidendächern

Wandaufbau der Marienkirche

Auch für den Wandaufbau übernahm man bei der Marienkirche in Lübeck Besonderheiten der nordfranzösischen Kathedralgotik, allerdings übersetzt in die besondere Formensprache der Backsteintechnik. Bei der Kathedrale in Chartres (1194–1260) ersetzten erstmals offene Strebebögen die bis dahin üblichen Emporen als Widerlager für die Schubkräfte der Mittelschiffgewölbe. Damit war es möglich geworden, vom viergeschossigen zum dreigeschossigen Wandaufbau überzugehen, wie er in den klassischen gotischen Kathedralen in Reims (1211–21) und Amiens (1218 bis 1270, Abb. 43) in der Abfolge Arkaden – Tri-

forium – Obergaden abzulesen ist. Das Triforium ist jene schmale Galerie mit Maßwerköffnungen, die zwischen den Arkaden der Erdgeschosszone und den Fenstern des Obergadens liegt.

Ziel war es, die Wand in ein Skelettsystem von zarten steinernen Gliederungselementen und Glasflächen aufzulösen, wodurch eine Illusion von Schwerelosigkeit entsteht, die den Bau als nicht von dieser Welt erscheinen lassen soll. Real wird die Last der Gewölbe von außen über Strebebögen abgefangen, was im Inneren nicht zu erkennen ist. Die Belichtung des Triforiums und der gesamten Obergadenfenster war in Amiens möglich, weil die Chorkapellen

(Abb. 42) voll ausgebildete Pyramidendächer tragen und sich damit nicht an die Obergadenwand anlehnen.

Die Kathedralen in Le Mans (1217–54) (Abb. 44) und Coutances (1251–74) zeigen in der Auflösung der Mauern einen weiteren Schritt, weil dort auf ein Triforium verzichtet wurde. Damit entfiel zwischen den stark hochgezogenen Arkaden und den Fenstern des Obergadens eine horizontale Linie, die den Höhendrang der Gliederungssysteme bremst. Einen solchen aus Nordfrankreich stammenden zweigeschossigen Wandaufbau übernahm man bei der Marienkirche in Lübeck (Abb. 45). Dabei wurde eine dunkle Zone zwischen den Arkaden und den Obergadenfenstern in Kauf genommen, da sich die Dächer des Chor-

43 Die Kathedrale von Amiens
44 Die Kathedrale von Le Mans
45 St. Marien in Lübeck

Lübeck, St. Marien:
46 Chor, Bündelpfeiler aus Diensten
47 Chor, Gewölbedienste

nach dem Verlust beider Fensterteile. Auf dem Mauerabsatz der Arkaden liegt in Lübeck nach wie vor ein Laufgang. Seine Brüstung hat nicht die Wirkung eines Triforiums als dritter Wandzone, weil die Wanddienste im Unterschied zu Amiens nicht mit den Gesimsen verkröpft sind und damit auch nicht in ihrer Höhentendenz gebremst werden. Mit der Lösung von Le Mans folgte man bei der Lübecker Marienkirche dem im Sinne der Hochgotik weiter entwickelten Wandsystem.

Pfeiler der Marienkirche

Zur Illusion der Schwerelosigkeit trug auch die optische Auflösung der Pfeiler in ein Bündelsystem von Diensten bei, die den Kern verhüllen und damit seine für die Aufnahme der Vertikallasten unentbehrliche Masse nicht spüren lassen (Abb. 46). Das vordere Dienstbündel mündet, über das Kapitell hinaus, in die Vorlagen des Obergadens und mit dem mittleren Birnstab im Rippenprofil der Gewölbe; die seitlichen Bündel enden in den Profilen der Scheidbogenlaibungen (Abb. 47). Bezüglich der Ausbildung der Pfeiler- und

umgangs und der Kapellen als abgewalmte Pultdächer an den unteren Teil des Obergaden anlehnen. Fenster hätten deshalb – wären sie geöffnet gewesen – in den dunklen Dachraum geführt. So blendete man diesem unteren, geschlossenen Teil der Fenster eine Maßwerkgliederung vor. Die Flächen füllte man mit Wandmalereien, die sich einst mit den farbigen Glasmalereien zu einer Einheit verbanden, so dass die Trennung nicht so stark wirkte wie heute,

48 Fünf- und sechsteiliges Gewölbe im Chorumgang
49 Vierteiliges Gewölbe im Seitenschiff

Dienstprofile bestehen Beziehungen zu den Domen in Köln (begonnen 1248) und Utrecht (begonnen 1254). Die Standardisierung der Profile ergab sich nicht aus den genannten Vorbildern, sondern aus der Backsteintechnik, bei der aus Kostengründen auf eine begrenzte Zahl von Formsteinen geachtet werden musste. Für die Kapitelle an Pfeilern und Diensten konnte sich das reiche Lübeck Werkstücke leisten, bei denen jede der naturalistischen Blattformen individuell aus Kalkstein gehauen wurde.

Gewölbe der Marienkirche

Der obere Raumabschluss erfolgt im Chor der Lübecker Marienkirche durch Kreuzrippengewölbe mit gebusten Kappen. Im Mittelschiff und in den Seitenschiffen (Abb. 49) sind diese dem rechteckigen Grundriss der Joche entsprechend vierteilig, im Chorumgang (Abb. 48) gemäß dem Zusammenziehen mit den Chorkapellen sechsteilig, bei den beiden westlichen fünfteilig. Gurtbögen und Rippen haben dabei ein gleich starkes Profil. Dadurch werden die Joche nicht so stark wie bei früh-

gotischen Hallenkirchen – zum Beispiel in Gadebusch oder Grevesmühlen (Abb. 50) – voneinander getrennt. Diese Weiterentwicklung zu größerer räumlicher Einheit verlief parallel zur gotischen Baukunst im Hausteingebiet.

50 Grevesmühlen, Stadtkirche, deutliche Trennung der Joche in der Hallenkirche

Frühe Nach-folgebauten

52 Stralsund, St. Nikolai, Gesamtansicht von Süden

St. Nikolai in Stralsund

Die Nikolaikirche in Stralsund ist der erste Nachfolgebau der Marienkirche in Lübeck. Sie entstand als Hallenkirche, angelegt zu einer Zeit, als auch ihr Lübecker Vorbild Hallenkirche war, begonnen wohl bald nach der Stadtgründung 1234, vollendet – falls sie es je war – gegen 1260. Reste der Halle sind in den äußeren Wandvorlagen der östlichen Seitenschiffjoche zu erkennen, auch die Unregelmäßigkeiten im Grundriss des Chores (Abb. 51) könnten ihren Ursprung im Neubau einer Basilika unter Einbeziehung von Mauerwerk der älteren Hallenkirche haben.

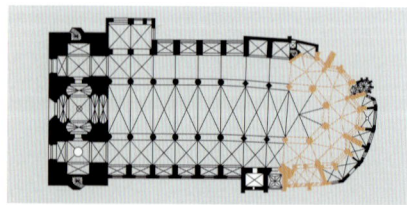

51 Stralsund, St. Nikolai, Grundriss mit Kapellenkranz – wie bei St. Marien in Lübeck

Mit dem Bau der Basilika wurde wohl schon bald nach Fertigstellung der Hallenkirche begonnen, also um 1270. Als frühester Nachfolgebau steht die Nikolaikirche ihrem Vorbild besonders nah, was sich an der Chorform, dem Verzicht auf ein Querschiff und der einzigen vollendet ausgebildeten Doppelturmfassade (Abb. 52, 53) ablesen lässt.

Die fünf polygonalen Chorkapellen sind im Grundriss nicht so unregelmäßig, wie man es auf den ersten Blick vermuten kann. Vielmehr entsteht dieser Eindruck durch die im 14. und 15. Jahrhundert nachträglich zwischen ihre Strebepfeiler gefügten Kapellen. Nur der ersten Chorkapelle auf der Südseite fehlt ein Teil des Polygons, weil hier Reste der Hallenkirche stehen blieben. Die Stralsunder Hallenkirche hatte, wie ihr Vorbild in Lübeck, einen mittleren Westturm, dessen Grundmauern in der Doppelturmfront der Basilika erhalten sind. Mit dem neuen Westbau wurde laut einer Inschrift neben dem Westportal 1309 oder 1329 begonnen.

53 Stralsund, St. Nikolai. Chorlösung und Doppelturmfassade erinnern an
St. Marien in Lübeck.

54 Stralsund, St. Nikolai. Der Chor zeigt enge Verwandschaft mit St. Marien in Lübeck.

55 Lübeck, St. Marien, Chor von Nordosten

Der Außenbau des Chores (Abb. 54) erscheint ganz regelmäßig und dem der Marienkirche in Lübeck (Abb. 55) sehr eng verwandt, entsprechend den Proportionen des Inneren nur etwas gedrungener (Abb. 56). Standen die Proportionen in Lübeck mit einer Mittelschiffbreite von 14,10 Metern und einer Gewölbehöhe von 38,3 Metern in einem Verhältnis von 1 : 2,6, so ergaben sich in Stralsund mit 12,5 Metern Breite und 29 Metern Höhe die Proportionen von 1 : 2,3.

Im zweigeschossigen Wandaufbau folgte man in Stralsund zwar Lübeck, doch tragen zum Eindruck einer gedrungenen Raumform die zur Hälfte als Blenden ausgebildeten Fenster und die Beschränkung der starken Farbigkeit auf die Zone von Arkaden und Laufgang bei. Aus Lübeck übernahm man auch die feingliedrige Profilierung der Pfeiler, Laibungen und Gewölbedienste, die hier jedoch ohne Unterbrechung durch Kapitelle bis zum

Ansatz der Gewölbe aufsteigen – gegenüber der Marienkirche in Lübeck eine Weiterentwicklung im Sinne stärkerer Vertikaltendenzen. Auch in Stralsund verwendete man für die rechteckigen Joche des Hochchores und der Seitenschiffe vierteilige, für die Chorkapellen sechsteilige, gebuste Rippengewölbe. Letztere setzen zum Teil nicht über den Wanddiensten an, sondern steigen versetzt über Konsolen auf – Zeichen für einen Planwechsel.

56 Stralsund, St. Nikolai, mit etwas gedrungeneren Raumproportionen, aber stärkeren Vertikaltendenzen bei den Gewölbediensten

57 Schwerin, Dom, Gesamtansicht vom Markt aus

Schwerin, Dom

Als zweiter Nachfolgebau der Marienkirche in Lübeck wurde um 1270 der Neubau des Domes in Schwerin begonnen (Abb. 57). In der Grundrissgestaltung der Chorkapellen (Abb. 58) lehnt er sich enger an den Dom in Lübeck an (Abb. 60), wo die westlichen bei-den mit drei äußeren Polygonseiten ausge-bildet und in die südöstliche Diagonale ge-dreht sind. Dagegen liegen die Chorkapel-len bei St. Marien (Abb. 59) in der Längs-achse und haben nur zwei äußere Polygon-seiten sowie fünf Rippen. Doch wurde der zunächst wohl auch als Basilika geplante Domchor als Hallenchor ausgeführt, so dass davon auszugehen ist, dass in Schwerin für die übrigen Bauformen die Lübecker Mari-

58 Schwerin, Dom, Grundriss
59 Lübeck, St. Marien, Grundriss
60 Lübeck, Dom, Grundriss

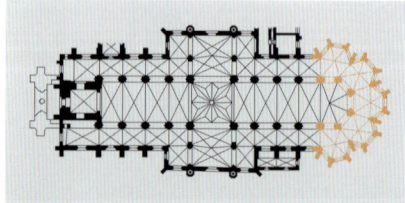

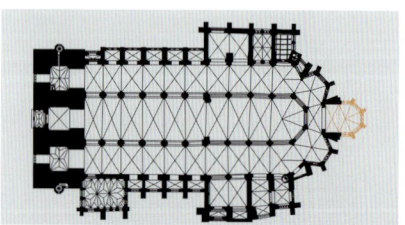

61 Schwerin, Dom, Chor ohne Strebewerk
62 Lübeck, St. Marien, Chor zum Vergleich
63 Lübeck, Dom, Chor zum Vergleich

enkirche als Vorbild diente. Dabei sind entscheidende Abweichungen zu beobachten. So weist der Dom in Schwerin ein dreischiffiges Querhaus auf, das um mehr als die Breite eines Seitenschiffes über die Flucht der Langhauswände hinausragt. In dieser Anordnung ist jedoch lediglich der Unterschied zwischen einer Pfarrkirche und einem Dom zu sehen. Letzterer benötigt für die Kleriker des Domkapitels einen größeren Chor. Der Lübecker Dom besitzt ebenfalls ein Querschiff, das jedoch nicht ausreichte, weshalb man ab 1266 mit dem neuen Chor eine Verlängerung auf insgesamt 125,3 Meter vornahm. Der Schweriner Dom steht mit seiner Länge von 100 Metern an zweiter Stelle aller Kirchen im wendischen Quartier.

Beim Vergleich des Äußeren beider Chorbauten vermisst man in Schwerin (Abb. 61) die

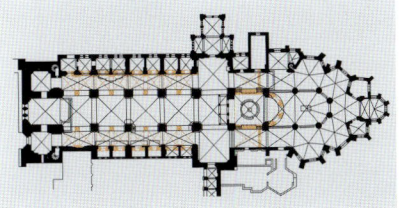

offenen Strebebögen der Marienkirche von Lübeck (Abb. 62). Das nordöstliche Strebewerk ist hier unter dem Dach des Umgangschores versteckt, das sehr hoch reicht und als ein großer Walm alle Kapellen wie auch den Umgang überdeckt. Gemauerte Balken wurden über die Zwickel zwischen den einzelnen Kapellen geführt, die nur noch darunter in Erscheinung treten, während in der Traufe ein großes Polygon entstand. Mit dieser standardisierten, klimatisch günstigeren Dachform wurden spätgotische Tendenzen zur blockhaften Vereinheitlichung der Baukörper vorweggenommen.

Als Folge des hochgezogenen Chordaches konnten die Fenster im Innenraum nur im Bereich ihrer Spitzbögen geöffnet werden, wodurch die für Basiliken entscheidende Lichteinstrahlung stark reduziert wurde. Deshalb griff man beim jüngeren Langhaus (Abb. 57) wieder auf offene Strebebögen zurück, zumal sich hier nicht das Problem zerklüfteter Dächer ergab. Der wohl vom 1248 geweihten Vorgängerbau stammende West-

64 Schwerin, Dom, ausgewogene Proportionen im Verhältnis von 1 : 2 : 4

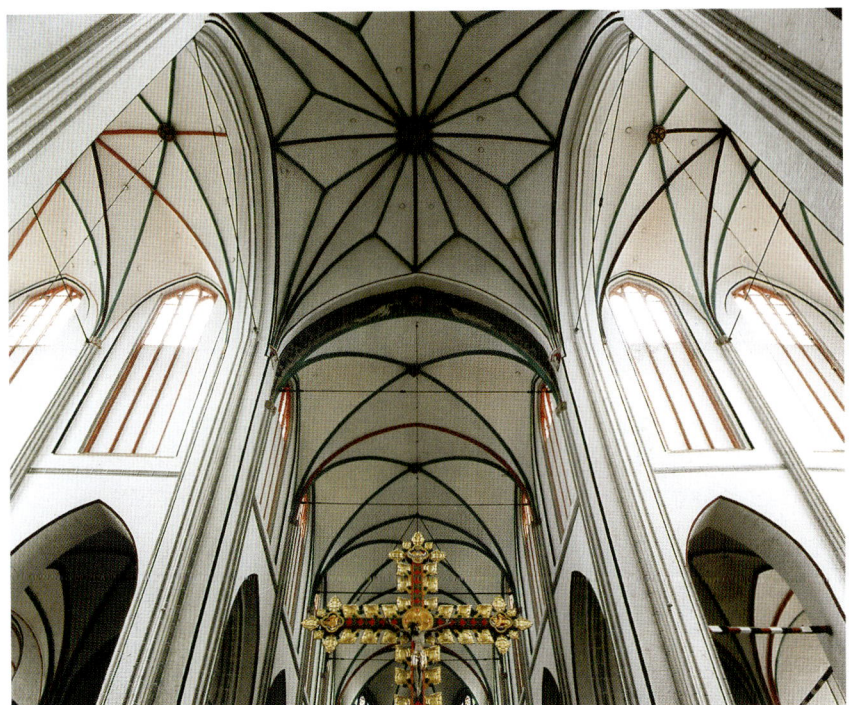

65 Schwerin, Dom, Sterngewölbe in der Vierung

turm wurde 1889 abgebrochen und durch den heutigen ersetzt.

Der Innenraum des Schweriner Domes (Abb. 64) strahlt durch seine Raumproportionen klassische Ruhe aus. Die Jochtiefe von rund 7 Metern zeigt sich zur Mittelschiffsbreite von 13,1 Metern und der Gebäudehöhe von 26,5 Metern in einem Verhältnis von 1 : 2 : 4. Im Vergleich zum Vorbild der Lübecker Marienkirche mit Proportionen von 1 : 2,6 ist die Höhentendenz gemildert. Auch zeigen die Pfeiler sehr viel stärker ihren rechteckigen Kern, auf den an allen vier Seiten die Dienstbündel mit Birnstabprofilen aufgelegt sind. Die Zweigeschossigkeit des Wandaufbaus wurde von Lübeck übernommen, die Fenster wurden je-

doch so weit nach innen gerückt, dass kein Mauerabsatz und damit kein Platz für einen Laufgang möglich war. Der Chor konnte bereits 1327 benutzt werden, das Langhaus 1374, die Gewölbe wurden erst 1416 geschlossen.

Die Vierung besitzt ein achtteiliges Sterngewölbe (Abb. 65), wie es in doppelter Form bereits in der 1310 entstandenen Briefkapelle der Lübecker Marienkirche anzutreffen ist. Die Querschiffarme haben Netzgewölbe, die aus zwei sich durchdringenden sechsteiligen Kreuzrippengewölben bestehen – auch dies eine sehr fortschrittliche Form. Alle anderen Gewölbe gleichen denen der Lübecker Marienkirche.

Bad Doberan, Münster

Das so genannte Münster in Bad Doberan wurde als Klosterkirche der 1186 an dieser Stelle gegründeten Zisterzienserabtei erbaut. Ein erster, bis zur Weihe 1186 errichteter Kirchenbau brannte 1291 ab, von ihm blieb die Westwand des südlichen Seitenschiffes in der heutigen Westfassade erhalten (Abb. 67). Diese gibt klar den Querschnitt der Basilika wieder, da Türme nach den Ordensregeln nicht erlaubt waren. Im Übrigen aber weicht der bald nach dem Brand 1291 begonnene Neubau stark von den zisterziensischen Regeln ab. So fanden die von Bernhard von Clairvaux verschmähten reichen Formen der Kathedralgotik Verwendung. Das geschah ab der Mitte des 13. Jahrhunderts häufiger, zum Beispiel beim so genannten Altenberger Dom im Bergischen Land unweit von Köln.

Der Grundriss des Münsters von Bad Doberan (Abb. 66) zeigt in der Diagonalstellung der westlichen Chorkapellen stärkere Beziehungen zu den Domen in Lübeck und Schwerin, mit denen es auch das Querschiff gemeinsam hat, das bekanntlich bei der Marienkirche in Lübeck fehlt. Doch sollte man in dieser Frage nicht formale, sondern funktionale Vergleiche anstellen. Querschiffe gehören von Anfang an zum Bestand von Zisterzienserkirchen und wurden häufig, wie hier in Bad Doberan oder auch beim Kloster Eberbach (Rheingau), als Grablege der Territorialherren genutzt, die wesentliche Stifter

67 Bad Doberan, Münster, Westfassade. Die Pforte rechts gehört zum Vorgängerbau.

waren. Im Unterschied zu Schwerin hat das Querschiff in Bad Doberan zwei hohe Mittelschiffe, deren Gewölbe von einem Zentralpfeiler getragen werden (Abb. 72).

Georg Ludwig Möckel veränderte 1880–94 das Äußere des Bad Doberaner Chores (Abb.

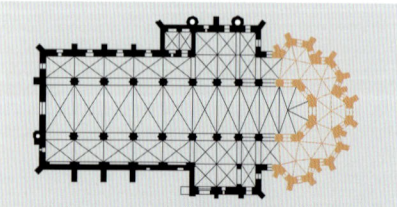

66 Bad Doberan, Münster, Grundriss

68 Südliches Querschiff und Chor

69 Chor von Südosten mit Pyramidendächern über den Chorkapellen

70 Bad Doberan, Münster, Inneres, Mönchsbereich

71 Bad Doberan, Münster, Laienbereich

an den Kapitellen endende Dienste einge-
fügt wurden. Die nicht zu belichtende Zone
im Bereich der Kapellendächer wurde in Bad
Doberan mit Mitteln der Malerei wie ein Triforium gestaltet und wirkt deshalb wie ein
drittes Geschoss, wodurch sich die Zisterzienserkirche von allen anderen Nachfolgebauten der Marienkirche in Lübeck unterscheidet.

Typisch für einen Zisterzienserbau ist das Ab-
fangen der Gewölbedienste auf Konsolen an
den Pfeilern. Nur im Chorpolygon und in den
beiden anschließenden Jochen wurden sie bis
auf den Boden herabgeführt. Eine an der Stelle des heutigen Kreuzaltars (Abb. 71) stehen-
de Chorschranke trennte im Mittelalter den
Mönchs- vom Laienbereich der Kirche.

**72 Bad Doberan, Münster, Zentralpfeiler
im südlichen Querhaus**

68, 69). Er gab jeder Chorkapelle ein eigenes
Pyramidendach. Zuvor waren alle Kapellen,
wie beim Schweriner Dom, in der Traufzone
zusammengezogen, was ästhetisch weniger,
klimatisch aber sehr vorteilhaft war. Die Ten-
denz zur Vereinheitlichung des Baukörpers
war also auch beim 1291 begonnenen Münster vorhanden. Dessen Chor muss relativ rasch
hochgezogen worden sein, denn 1336 wurde er als schon länger bestehend erwähnt.
Bischof Friedrich II. von Bülow weihte 1368
die gesamte Kirche.

Die Pfeilergestaltung des Chores (Abb. 70)
weist Ähnlichkeiten mit dem Schweriner
Dom auf, doch treten die Pfeilerkerne nicht
so stark in Erscheinung, da noch zusätzliche,

Wismar, St. Georgen, Chor

Ein erster Bau der Georgenkirche in Wismar entstand um 1260–70 als dreischiffige, gewölbte Hallenkirche. Reste sind im heutigen Ostbau enthalten und im Westturm zu vermuten. Entsprechend dem Übergang von der Hallenkirche zum basilikalen Chor der Marienkirche in Lübeck fügte man in Wismar um 1290 an die Hallenkirche von St. Georgen einen größeren basilikalen Chor an (Abb. 73).

Dieser unterscheidet sich von allen anderen Nachfolgebauten dadurch, dass er nicht den sonst üblichen Umgangschor mit fünf Polygonalkapellen aufweist, sondern die drei basilikalen Schiffe mit einer geraden Ostwand abschließt. Diese Abweichung könnte durch den im Osten anschließenden Fürstenhof bedingt sein, der den Raum so beschränkte, dass für die Entfaltung eines Umgangschores kein Platz blieb. Nach Westen konnte man den Bau nicht ausdehnen, weil das Langhaus der Hallenkirche zunächst bestehen blieb und erst ab 1404 einem Neubau weichen sollte.

Mit der Übernahme des basilikalen Systems und der offenen Strebebögen (Abb. 75) gehört die Georgenkirche in Wismar zu den Nachfolgebauten der Marienkirche in Lübeck, geht aber in der Gestaltung der Einzelformen eigene Wege. So gibt es keine Bündelpfeiler mehr, sondern achteckige Pfeiler mit eingelegten Rundstäben an den Kanten (Abb. 74). Mit dieser die kubische Geschlossenheit betonenden Pfeilerform leitete der Chor der Georgenkirche bereits zu den Stilformen des 14. Jahrhunderts über. Er wurde damit zum Vorbild für den Chor der Marienkirche und der Kapelle St. Marien zur Weiden, die in Wismar in unmittelbarer Umgebung entstanden, heute aber leider nicht mehr erhalten sind.

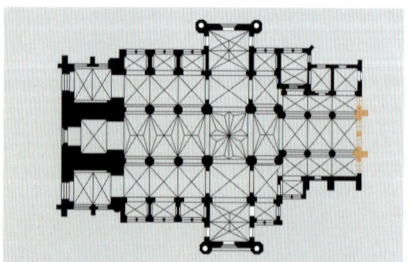

73 Wismar, St. Georgen, Grundriss mit geradem Chorabschluss

74 Wismar, St. Georgen, massive achteckige Pfeiler mit eingelegten Rundstäben

75 Chor von Südosten mit geradem Chorabschluss und offenen Strebebögen

Spätgotische Nachfolgebauten

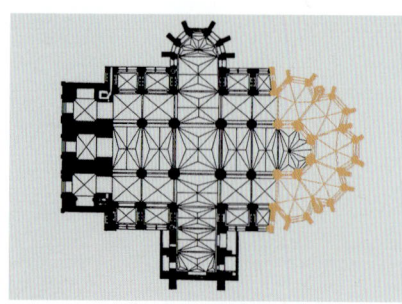

76 Rostock, St. Marien, Chor, Grundriss in Anlehnung an den Lübecker Dom

Rostock, St. Marien

Von einem ersten, 1232 urkundlich belegten Bau der Marienkirche in Rostock ist nichts Weiteres bekannt, vom zweiten – einer Hallenkirche aus der Zeit um 1250–75 – blieb das Sockelgeschoss des Westturmes erhalten (Abb. 80). An seiner Ostwand sind innen noch die Formen und Maße der Hallenkirche abzulesen. Wie die meisten Hansestädte folgte auch Rostock dem Vorbild Lübecks, zunächst mit einer Hallenkirche, um 1290 dann mit einem Neubau einer Basilika. Man übernahm im Grundriss (Abb. 76) den Umgangschor mit fünf Polygonalkapellen gemäß dem Vorbild des Lübecker Domes, von St. Marien aber den basilikalen Aufbau. Von diesem Chor sind jedoch nur die unteren Teile erhalten geblieben, da es 1398 zum Einsturz des noch nicht vollendeten Kirchenbaus kam – eventuell ausgelöst durch den voreiligen Abbruch der älteren Hallenkirche, wodurch im Westen ein Widerlager gegen die Schubkräfte fehlte. Auch das Chormittelschiff stürzte ein und wurde ab 1398 wieder aufgeführt. Die neuen Teile sind am Außenbau (Abb. 77, 78) im Wechsel gelblicher und schwarzer Backsteine zu erkennen.

77 Südliches Querhaus

78 Chor von Süden

79 Gesamtansicht von Südost

80 Rostock, St. Marien, Westquerturm mit dem Sockelgeschoss der Hallenkirche

81 Rostock, St. Marien, Blick in den nördlichen Kreuzarm des Zentralbaus

Die Chorkapellen sind als dreiseitig freistehende Polygone ausgebildet, nur in der Traufe werden sie zu einem großen Dach zusammengezogen, ähnlich wie in Schwerin, jedoch ohne Steinbalken. Der Kleeblattfries unterhalb der Traufe kommt in ähnlicher Form am Chor der Georgen- und der Marienkirche in Wismar vor.

Beim Wiederaufbau nach 1398 verzichtete man auf die Strebebögen, die vorher wohl noch vorhanden waren (Abb. 79), ferner wurden ein weit ausladendes Querschiff und ein kurzes, nur aus zwei Jochen bestehendes Langhaus errichtet. Da man sich entschlossen hatte, den Westbau zu erhalten, musste der Raumbedarf der Hauptpfarrkirche einer rasch wachsenden Stadt mit der gedrungenen Form eines Zentralbaus gedeckt werden, bei dem die innere Länge in Ost-West-Richtung ziemlich genau derjenigen in Nord-Süd-Richtung entspricht.

Zusätzlich verstärkt durch den polygonalen Abschluss des nördlichen Kreuzarms hat man beim Betreten durch das Südportal den Eindruck, in den Altarraum zu blicken (Abb. 81).

Beim Blick nach Osten bemerkt man, dass die östlichen Pfeiler des Umgangschores noch als differenzierte Bündelpfeiler ausgebildet sind – sie blieben beim Einsturz 1298 stehen. Die westlichen Pfeiler bis zur Vierung blieben ebenfalls erhalten, wurden jedoch achteckig ummantelt, wie man an den starken Mauerabsätzen oberhalb der Kämpfer erkennen kann (Abb. 83). Beim Wiederaufbau nach 1398 wurden die in dieser Zeit geschätzten Sterngewölbe verwendet. Durch die Erhöhung der Hochschiffwände wurde eine Raumhöhe von 31,5 m erreicht, die bei einer Mittelschiffbreite von 11 m in Ost-West-Richtung Raumproportionen von 1 : 2,8 ergibt.

82 Rostock, St. Marien, Chorscheitel mit astronomischer Uhr

83 Rostock, St. Marien, Pfeiler mit achteckiger Ummantelung

Wismar, St. Marien

Leider ist die Marienkirche in Wismar 1960 bis auf den Turm (Abb. 87) abgebrochen worden, doch sind ihre Bauformen und Maße zum Teil an der Ostwand, im Übrigen durch Fotos und Zeichnungen überliefert. Der erste Bau aus der Zeit um 1260–70 war eine Hallenkirche, von der der Unterbau des Westturmes erhalten blieb. Im Jahr 1339 wurde ein Vertrag mit dem Baumeister Johann Grote über die Fertigstellung des Chores abgeschlossen, der demnach bereits zuvor – vielleicht schon um 1320 – begonnen worden war und 1353 geweiht werden konnte.

Der Grundriss (Abb. 84) zeigt einen Umgangschor mit einem über die Breite der Seitenschiffe herausragenden Kapellenkranz, wie er in Lübeck beim Domchor vorkommt, und den Verzicht auf ein Querschiff gemäß der Lübecker Marienkirche.

Mit der Verwendung von Strebebögen folgte man dieser in Wismar auch im Außenbau (Abb. 86). Die unter einem Dach zusammengezogenen Chorkapellen, überbrückt durch Steinbalken mit abschließendem Fries aus Kleeblattbögen, belegen enge Beziehungen zum Dom in Schwerin. Doch reichten die Dächer hier nicht so hoch herauf wie in Schwerin, so dass sie im Innenraum (Abb. 85) fast bis zur Hälfte geöffnet werden konnten. Die

85 Wismar, St. Marien, steiler Innenraum, historische Aufnahme vor 1945

Achteckpfeiler mit eingestellten Kantenstäben sowie mehrere andere Details wurden vom Chor der Georgenkirche in Wismar übernommen. Die Raumproportionen waren mit einer Mittelschiffbreite von 10,5 Metern, einer Höhe von 32 Metern und dem sich daraus ergebenden Verhältnis von 1 : 3 relativ steil.

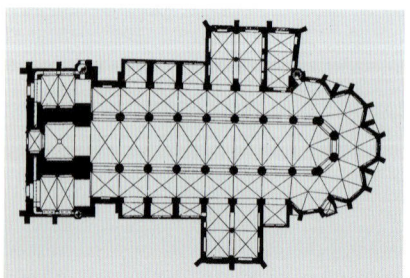

84 Wismar, St. Marien, Grundriss

86 Wismar, St. Marien, Chor in Anlehnung an den Schweriner Dom und St. Marien in Lübeck, historische Aufnahme, vor 1945

87 Wismar, St. Marien. Nach dem Abriss 1960 blieb lediglich der Westturm stehen. Im Hintergrund ist St. Nikolai zu sehen.

Wismar, St. Nikolai

St. Nikolai in Wismar gilt aufgrund des Patro-
ziniums und der Lage im Hafengebiet als die
älteste Kirche der 1229 erstmals genannten
Stadt. Von dem ersten Bau wurde der gegenüber dem heutigen deutlich tiefer liegende
Fußboden an der Südwand des Turmes freigelegt. Der heutige Bau wurde laut Vertrag mit
dem Baumeister Heinrich von Bremen 1381
begonnen, bereits 1403 konnte der Hochaltar
geweiht werden. 1459 erfolgte die Weihe des
Langhauses, jedoch noch ohne Gewölbe, die
unmittelbar danach eingezogen wurden. Die
Vollendung des Turmes zog sich bis 1506 hin.

Der Grundriss (Abb. 88) zeigt eine sehr ähnliche Chorlösung wie die Marienkirche in Wismar, zu der auch sonst – wie auch zum Langhaus von St. Georgen – eine deutliche Verwandtschaft besteht.

Am Außenbau (Abb. 89) geben sich die Niko-
lai- und die Marienkirche mit dem Verzicht auf
ein Querschiff und mit der Verwendung von
Strebebögen als treue Nachfolger der Marienkirche in Lübeck zu erkennen. In der Vereinfachung des Chordaches gingen ebenfalls beide
den gleichen Weg, nur wurde bei St. Nikolai
im Gegensatz zu St. Marien der Kleeblattbo-
genfries weggelassen. Im Westen (Abb. 91)
wurden bei beiden Kirchen die Seitenschiffe
des Langhauses bis zur Westwand des Turmes fortgeführt. Die steilen Pultdächer der Ni-

**89 Wismar, St. Nikolai. Die steilen
Proportionen werden außen vor allem von
Südosten deutlich.**

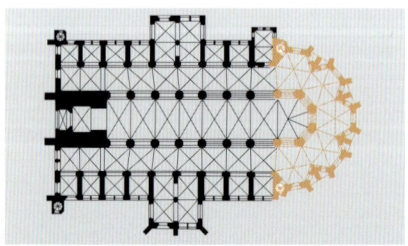

**88 Wismar, St. Nikolai, Grundriss, verwandt
mit St. Marien in Wismar**

**90 Wismar, St. Nikolai, mit den steilsten
Raumproportionen im Ostseeraum**

91 Wismar, St. Nikolai, Äußeres von Südwesten, steile Pultdächer der Seitenschiffe

kolaikirche lehnen sich direkt an den Turm an, der einst einen hohen, schlanken Pyramidenhelm besaß. Dieser stürzte 1703 ab, der Turm erhielt einen provisorischen Abschluss.

Im Inneren (Abb. 90) fallen schon auf den ersten Blick die Einheitlichkeit und die Steilheit des Raumes auf. Die Hauptformen erfuhren trotz der Bauzeit von rund hundert Jahren keine erkennbare Veränderung. Die Fenster konnten dank der Strebebögen bis zur Hälfte ihrer Höhe geöffnet werden, so dass viel Licht von oben einfallen kann.

Die Achteckpfeiler sind im Unterschied zu St. Marien und St. Georgen an den Seiten zu den Schiffen durch eine differenzierte Profilierung in ihrer Masse grafisch aufgelöst. Die 1544 und 1867 zum Teil erneuerten Gewölbe sind vier teilige, in den Chorkapellen sechsteilige Kreuzrippengewölbe mit gebusten Kappen. Besonders eindrucksvoll wirken die Proportionen des Raumes, die bei einer Mittelschiffbreite von 10,5 m und einer Gewölbehöhe von 37 m in einem Verhältnis von 1 : 3,5 stehen – die steilsten Proportionen im ganzen Ostseeraum, die sogar diejenigen der Kathedrale in Beauvais übertreffen. Dort wurde zwar die Höhe des Mittelschiffes mit 46,75 m um fast 10 m übertroffen, doch auch die Breite ist mit 15,5 m um 5 m mächtiger, so dass sich ein Verhältnis von 1 : 3 ergibt. Kein Bau vertritt so eindrucksvoll wie die Nikolaikirche in Wismar das Höhenstreben der gotischen Kathedrale als Bild des Himmlischen Jerusalem auf Erden.

92 Wismar, St. Georgen, Gesamtansicht von Südwesten

Gewaltig ist die Höhensteigerung gegenüber dem älteren Chor (Abb. 94), dessen Ersatz durch einen entsprechend höheren vorgesehen war, doch nicht mehr ausgeführt wurde. Gegenüber St. Nikolai fällt die Reduzierung der Formen auf, die Achteckpfeiler mit dünnen Kantenstäben setzen die Tradition des Chores von St. Georgen und der Marienkirche in Wismar fort (Abb. 93). Erstaunlich sind auch bei Querschiff und Langhaus die steilen Proportionen, sie ergeben im Mittelschiff bei einer Breite von 10,55 m und einer Höhe von 35 m ein Verhältnis von 1 : 3,3 – nach der Nikolaikirche von Wismar die steilsten im Ostseeraum.

Wismar, St. Georgen, Langhaus

Mit der Fundamentlegung des Turmes 1404 begann man bei St. Georgen in Wismar einen gewaltigen Neubau anstelle der ab den 1260er Jahren gebauten Kirche (Abb. 92). Wohl aus Geldmangel kam es 1430 zu einer Bauunterbrechung, die erst 1442 mit dem Auftrag an den Baumeister Hermann Münster endete, der bis 1449 tätig war. Ihm folgte bis zu seinem Tod 1497 Hans Martens, der das Querschiff vollendete. Beide Baumeister waren zugleich an St. Nikolai in Wismar tätig, woraus sich einige Übereinstimmungen im Detail ergeben.

In den Baukörpern aber geht die Georgenkirche mit dem weit ausladenden Querschiff (Abb. 92) und dem kurzen, nur drei Joche umfassenden Langhaus eigene Wege und zeigt darin Beziehungen zu der ab 1398 wieder aufgebauten Marienkirche in Rostock. Wie dort war auch hier der Westturm der Grund, auf eine Verlängerung des Langhauses zu verzichten und den Raumbedarf mit einem breiten Querschiff und den äußeren Kapellenreihen zu decken.

93 Wismar, St. Georgen, Blick nach Osten auf die beiden geraden Chorfenster zu, historische Aufnahme

94 Wismar, St. Georgen, Langhaus nach Westen, Zustand vor der Kriegszerstörung

Ausklang der Gotik

95 Stralsund, St. Marien

Stralsund, St. Marien

Mit ihrer Baumasse ist St. Marien in Stralsund (Abb. 95) der größte Backsteinbau in der Nachfolge der Marienkirche in Lübeck. Der heutige Bau hatte einen 1298 urkundlich genannten Vorgänger, von dem man nur weiß, dass er 1382 oder 1384 durch den Einsturz seines Turmes zerstört wurde. Sogleich begann man mit dem riesigen Neubau, bei dem bereits 1394 der nördliche Querhausarm verglast werden konnte. Mit dem Westbau wurde 1416 begonnen, sein Mauerwerk war 1473, sein Helm 1478 vollendet.

Auffallend ist die Gestaltung des vielteiligen Bauwerks in klaren Kuben – ein Prinzip, das eher der Renaissance als der Gotik entspricht. Dies wird besonders im Vergleich des Chores (Abb. 96) mit dem der Marienkirche in Lübeck (Abb. 97) deutlich. Dort wird der Baukörper durch die Strebepfeiler und -bögen, die polygonale Brechung der Kapellen und die entsprechende Faltung der Dächer verhüllt und so verborgen, dass die einzelnen Kuben nicht abzulesen sind. In Stralsund erblickt man dagegen ein einziges großes Polygon für

den Kapellenkranz und darüber das des Hochchores. Es gibt kein äußeres Strebewerk und keine Mauerzwickel zwischen den einzelnen Chorkapellen. Die merkwürdige Form der halbierten Fenster mit den fast dreieckigen Bögen ist aus der inneren Gestaltung der Kapellen zu erklären. Die Fensterlaibungen gerieten sehr flach, betonen dadurch die Flächigkeit der Wände und den Kubus des Baukörpers.

Der Backsteinbau begünstigte die Entwicklung zu kubischer Geschlossenheit, wie sie auch im Chor der 1468–88 erbauten Frauenkirche in München (Abb. 98) und bei der Kathedrale von Albi in Südfrankreich (1282–1400) zum Ausdruck kommt (Abb. 99). Die Details und das Wölbesystem sind in Stralsund wie auch in München noch gotisch, die Baumassengestaltung ist die der Renaissance, die in Italien bereits 1420, mit dem Bau der Domkuppel in Florenz, begann. Das kubische Denken wird auch in dem außen völlig flächigen Obergaden des Langhauses erkennbar, auch hier ohne Strebepfeiler und mit weit außen sitzenden Fensterflächen und damit auch flachen Laibungen.

Der gewaltige Westturm, einst mit 150 Metern wohl der höchste im Ostseeraum, setzt sich ebenfalls klar aus großen und kleinen,

96 Stralsund, St. Marien, Chor von Nordosten   97 Lübeck, St. Marien, Chor von Nordosten

98 München, Frauenkirche, Chor, ab 1468, Wegfall der Strebepfeiler wie in der rund 80 Jahre früher entstandenen Marienkirche von Stralsund

99 Albi, Kathedrale, Chor von Osten, kubische Geschlossenheit als Vorwegnahme der Renaissance

100 Stralsund, St. Marien, Blick in den Chorumgang mit nach innen gezogenen Strebepfeilern

quadratischen und achteckigen Kuben zusammen. Bis zu seiner Zerstörung durch Blitzschlag 1647 bekrönte ihn ein steiler Pyramidenhelm, der heutige Barockhelm mit Laterne entstand 1708.

Der Grundriss (Abb. 101) zeigt, dass in den sechseckigen Gewölben des Chorumgangs immer noch die polygonalen Chorkapellen des Lübecker Domes weiterleben, nicht hin-

102 Stralsund, St. Marien, schlanke Raumproportion

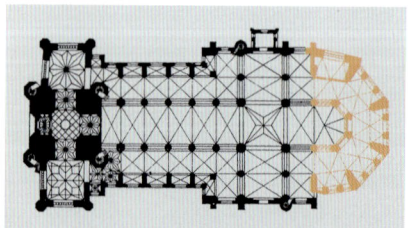

101 Stralsund, St. Marien, Grundriss mit Chorumgang aus trapezförmigen Kapellen

103 Tiefe Nischen finden sich im Obergaden.

104 Stralsund, St. Marien, Stern- und Netzgewölbe im westlichen Querbau

gegen in den Außenmauern, da diese zu einem einzigen großen Polygon zusammengezogen wurden.

Räumlich ergeben sich die unregelmäßig trapezförmigen Kapellen (Abb. 100) aus den nach innen gezogenen, sehr starken Strebepfeilern, die den Schub der Gewölbe aufnehmen. Das Gestaltungsprinzip der Gotik, durch Verlagerung der tragenden Kräfte nach außen den Baukörper zu verhüllen, um innen Schwerelosigkeit vorzutäuschen, wird hier umgekehrt. Zugunsten des außen geschlossenen Baukörpers wurden die tragenden Mauerteile nach innen gezogen. Im Obergaden von Chor und

Langhaus (Abb. 103) ergeben sich durch die nach innen gezogenen Strebepfeiler tiefe Nischen, bei denen auf jegliche Profilierung verzichtet wurde. Zu dieser radikalen Reduzierung der architektonischen Details zugunsten klarer Baukuben gehört auch die Form der Achteckpfeiler, bei denen man auf die sonst üblichen Kantenstäbe verzichtete, desgleichen auf Dienste für die Gewölbe, die einfach aus den Wandpfeilern herauswachsen. Die Dienstbündel im Chor sind nicht mittelalterlich, sie wurden 1842–47 durch den Maler J. W. Brüggemann in Stuck angetragen.

Die von romantischem Empfinden geprägte Neugotik ertrug die Herbheit des spätmittelalterlichen Baues nicht, sie empfand ihn zu Recht nicht mehr als gotisch und gotisierte ihn deshalb mit Stuckprofilen. Ursprünglich wirkte der Raum (Abb. 102) allerdings nicht so kahl wie heute, denn er trug eine farbige Raumfassung, die in den Seitenschiffen freigelegt worden ist und deren Reste in den Gewölben der anderen Raumteile unter abfallenden Übermalungen zum Vorschein kommen. Auch gab es sicher eine reiche Ausstattung mit Altären, Statuen, Epitaphien und Gestühl, die im frühen 19. Jahrhundert entfernt wurde.

In der Steilheit der Raumproportionen nähert sich die Marienkirche mit einem sich aus der Mittelschiffbreite von 10,15 Metern und einer Höhe von 32,40 Metern ergebenden Verhältnis von 1 : 3,1 der Georgenkirche in Wismar (1 : 3,3) und der dortigen Nikolaikirche (1 : 3,5).

Besonders eindrucksvoll erlebt man diese Höhenentwicklung in der Vorhalle des westlichen Querbaus. Bis zum Einbau der Barockorgel war sie mit einem hohen Spitzbogen zum Kirchenschiff geöffnet. Der obere Raumabschluss besteht aus reich figurierten Stern- und Netzgewölben (Abb. 104). Im Langhaus und Chor herrschen Kreuzrippengewölbe vor, nur die Vierung wird durch ein Sterngewölbe hervorgehoben.

105 Greifswald, St. Nikolai, Chor mit geradem Abschluss

106 Greifswald, St. Nikolai, Westturm mit klaren kubischen Formen

Greifswald, St. Nikolai

Die Nikolaikirche in Greifswald ist zusammen mit St. Marien und St. Jakobi erstmals 1280 genannt. Aus dieser Zeit sind noch wesentliche Teile einer Hallenkirche erhalten, wie sie in Greifswald bei den beiden anderen Kirchen vorherrscht, in diesem Fall aber im 14. Jahrhundert zu einer Basilika umgebaut wurde. Dazu wurden das Mittelschiff erhöht und die

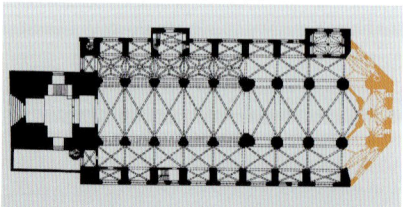

107 Greifswald, St. Nikolai, Grundriss mit schräg zum Chor führenden Seitenschiffen

Seitenschiffe neu mit Kapellen zwischen ihren Strebepfeilern errichtet (Abb. 107).

Um 1400 erbaute man einen neuen Chor, der 1411 Erwähnung fand. Er umfasst viereinhalb Joche und schließt gerade ab (Abb. 105), weicht darin also von den Nachfolgebauten der Marienkirche in Lübeck ab. Er folgt einer örtlichen Tradition, denn St. Marien hat heute noch einen gerade schließenden Chor, und auch St. Jakobi wies einst einen solchen auf.

Im Grundriss wirkt der Chor von St. Nikolai wie ein großes Polygon, bewirkt durch die schräg herangeführten Seitenschiffe (Abb. 107). Am Außenbau dominiert eindeutig die schlanke Chorfassade. Wie in Stralsund fehlen auch hier plastische Belebungen der Mauern, die in ihrer Flächigkeit die kubische Form der Baukörper betonen. Die merkwürdige Form der Fenster in den östlichen Schrägwänden der Seitenschiffe geht ebenfalls auf das

108 Greifswald, St. Nikolai, Südseite des Langhauses, ohne Strebepfeiler

109 Greifswald, St. Nikolai. Der hölzerne Einbau täuscht einen Chorumgang vor.

Vorbild von Stralsund zurück, desgleichen der Verzicht auf äußere Strebepfeiler am gesamten Langhaus (Abb. 108), bei dem die flachen Laibungen der weit außen liegenden Fenster die Flächigkeit der Mauern hervorheben.

Der Einfluss der Marienkirche in Stralsund ist auch bei der Betrachtung des Westturmes der Nikolaikirche in Greifswald deutlich zu spüren (Abb. 106). Dasselbe additive Zusammensetzen klar ablesbarer Kuben bestimmt auch hier die Gestalt des monumentalen Turmes, dessen hoher Unterbau noch aus dem 13. Jahrhundert stammt. Die Treppentürme sind hier rund und leiten zum schmaleren quadratischen Geschoss über, auf dem ein schlankes Oktogon aufsetzt. Auch hier gab es bis 1653 anstelle des heutigen Barockhelms eine hohe gotische Turmspitze.

Im Inneren (Abb. 109) täuscht der hölzerne Einbau Christian Johann Gieses von 1824–33

einen Chorumgang vor, den es jedoch nicht gibt. Auf schlichten Achteckpfeilern setzen die Schildbögen der einstigen Gewölbe für die Hallenkirche an, von den nachträglich erhöhten Wandpfeilern gehen dann die vierteiligen Kreuzgewölbe des basilikal aufgestockten Mittelschiffes aus.

Die Seitenschiffe hatten einst durchweg Sterngewölbe, wie sie im Westteil des nördlichen Seitenschiffes noch erhalten sind. Ein halbes Sterngewölbe überdeckt das östlichste halbe Chorjoch. Bei den Obergadenwänden tritt durch die Blendgliederung der eingefügten Mauerflächen in den einst offenen Arkaden, durch die ehemaligen Schildbögen der Hallenkirche und durch die profilierten Laibungen der oberen Schildbögen die große Mauerdicke – Ersatz für die außen fehlenden Strebepfeiler – nicht in Erscheinung.

Stralsund, St. Jakobi

So häufig im 13. Jahrhundert Basiliken zu Hallenkirchen umgebaut wurden, so selten ereignete sich der umgekehrte Vorgang, ein Umbau von einer Hallenkirche zur Basilika. Neben der Nikolaikirche in Greifswald wurde aber auch die Jakobikirche in Stralsund in dieser Weise verändert.

Als dritte Pfarrkirche der Altstadt wurde St. Jakobi am Ende des 13. Jahrhunderts gegründet und erstmals 1303 urkundlich genannt. Sie war wohl zu jener Zeit als dreischiffige Hallenkirche mit einem gerade schließenden Chor und einem Westturm erbaut worden. Letzterer stürzte vermutlich im Lauf des 14. Jahrhunderts ein und zerschlug wahrscheinlich das Schiff. Beim Wiederaufbau um 1400 verlegte man den Turm um ein Joch nach Westen, wie man am Grundriss (Abb. 110) deutlich erkennen kann.

Gleichzeitig brach man die Gewölbe des Mittelschiffes heraus, erhöhte die Wand über den Arkaden mit einem Obergaden und wölbte den Bau als Basilika neu (Abb. 111) – ein Vorgang, wie er etwas früher auch bei der Nikolaikirche in Greifswald stattgefunden hatte. Neuerdings wird zwar bei der Jakobikirche in Stralsund der Umbau von der Hallenkirche zur Basilika bezweifelt, jedoch kaum zu Recht, denn die sehr hohen Arkaden und der im Ver-

111 Stralsund, St. Jakobi, Inneres nach Osten

hältnis dazu niedrige Obergaden (Abb. 112) wären bei einem einheitlichen Bau als Basilika nicht zu erklären.

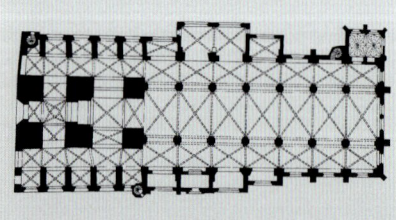

110 Stralsund, St. Jakobi, Grundriss mit vierjochigem Chor und geradem Abschluss

112 Stralsund, St. Jakobi, mit niedrigen Obergadenfenstern

113 Teterow, Stadtkirche, niedere profilierte Arkaden am Nordseitenschiff

114 Tribsees, Stadtkirche, als Hallenkirche errichtet

Teterow und Tribsees, Stadtkirchen

Auf den ersten Blick scheint auch die Basilika der Stadtkirche in Teterow (Abb. 113) aus der Aufstockung einer Hallenkirche entstanden zu sein, doch sind hier die Arkaden für eine Hallenkirche zu niedrig. Auch fehlten im Obergaden bis zur Restaurierung 1877–80 die Fenster, so dass es sich wohl von Anfang an um eine Pseudobasilika handelte. Wahrscheinlich wurde dieser schon in der vorliegenden Form um 1300 begonnen oder es geht die merkwürdige Raumform doch auf die Neuwölbung im 15. Jahrhundert zurück, bei der man den Obergaden so stark erhöhte, dass aus einer Stufenhalle eine Pseudobasilika entstand.

Betrachtet man die Stadtkirche in Tribsees aus der Ferne (Abb. 115), scheint es sich bei ihr wegen der Pultdächer über den Seitenschiffen, des schmalen Obergadens mit Blendfenstern und des erhöhten Satteldaches über dem Mittelschiff um eine Pseudobasilika wie in Teterow zu handeln. Betritt man jedoch den Innenraum (Abb. 114), blickt man in eine reine Hallenkirche. Daraus könnte man die Hypothese ableiten, man habe wie bei der Ni-

kolaikirche in Greifswald oder der Jakobikirche in Stralsund aus der Hallenkirche eine Basilika machen wollen, dafür bereits den Obergaden erhöht, aus Geldmangel aber das Herausbrechen der niedrigen Mittelschiffgewölbe und das Neueinwölben als Basilika unterlassen. Doch dafür gibt es auf dem Dachboden an den Mauern keine Anhaltspunkte. So entstand die merkwürdige Dachform wohl nur, um die langen Sparren eines großen Daches einzusparen.

115 Tribsees, Stadtkirche mit Pultdächern

116 Dargun, Klosterkirche, Chorpolygon von Nordosten

118 Dargun, Klosterkirche, Blendbögen über den Chorfenstern

Dargun, Klosterkirche

Das Zisterzienserkloster in Dargun, Kreis Demmin, wurde 1209 von Bad Doberan aus zum zweiten Mal gegründet. Von der ersten Kirche blieb das um 1225 bis 1270 erbaute basilikale Langhaus erhalten. 1464–1479 errichtete man einen neuen Chor und ein breites Querschiff, das nach dem Vorbild des Mutterklosters ein zweischiffiges Mittelschiff und je ein Seitenschiff erhalten sollte, wovon jedoch nur das westliche

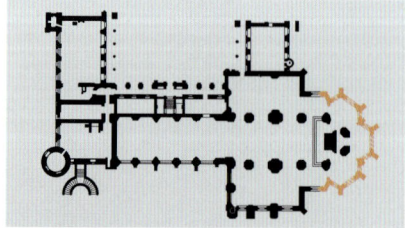

117 Dargun, Klosterkirche, Grundriss mit drei Kapellen im Umgangschor

ausgeführt wurde. Im Grundriss (Abb. 117) erkennt man, dass beim Umgangschor immer noch Polygonalkapellen nach Lübecker Vorbild existieren, außen (Abb. 116) dagegen kaum wahrnehmbar sind. Der Chor erscheint als ein großes Polygon, erst beim genauen Hinsehen entdeckt man die polygonalen Einschnitte der Zwickel zwischen den Kapellen, die über den Fenstern durch Spitzbögen unterdrückt werden.

Nachdem die Kirche 1945 durch Brandstiftung zerstört wurde, ist jetzt über den Mauern des Chorumgangs der fensterlose Obergaden des Mittelschiffs zu sehen. Eine Belichtung war hier nicht möglich, da man alle Teile des Chores unter einem großen Walmdach zusammengefasst hatte. Im Inneren (Abb. 118) liegen an der Stelle von belichteten Fenstern Blendbögen. Der Chor muss bis zur Zerstörung seiner Dächer und Gewölbe relativ dunkel gewesen sein, was man aber zugunsten der kubischen Geschlossenheit und Vereinfachung offenbar hinnahm.

119 Malchin, Stadtkirche, im Ursprung romanischer Westturm und Marienkapelle

121 Malchin, Stadtkirche, Sterngewölbe wie bei St. Marien in Stralsund

Malchin, Stadtkirche

Eine erste spätromanische Kirche in Malchin brannte 1397 ab und entstand unmittelbar anschließend als dreischiffige Basilika mit polygonalem Ostchor (Abb. 120) neu. Der Westturm stammt in seinen Grundmauern wohl

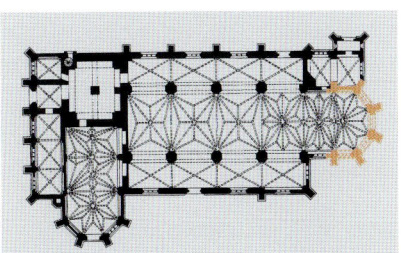

120 Malchin, Stadtkirche, Grundriss, verwandt mit St. Marien in Stralsund

noch vom Vorgängerbau, denn er ist asymmetrisch nach Norden verschoben, an seine Südseite schließt eine mit ihrem Polygon nach Süden ausgerichtete Kapelle an (Abb. 119).

Im Innenraum (Abb. 121) erkennt man an den Achteckpfeilern, die vom Boden bis zu den Gewölben ohne Unterbrechung aufsteigen, sogleich die Verwandtschaft mit der Petrikirche in Wolgast, die auch in den Sterngewölben anklingt. Damit gehört das Langhaus zu der an die Marienkirche in Stralsund anschließenden Baugruppe, bei der die Einzelformen zugunsten einer Betonung der voluminösen Baumassen reduziert werden und die Belebung sich in die Gewölbezone verlagert. Die Reduzierung des Chores auf ein einfaches Polygon entspricht den örtlichen Gegebenheiten, die keine zusätzlichen Kapellen erforderten.

122 Wolgast, St. Petri, Chor, Baumassengestaltung wie St. Marien, Stralsund

124 Wolgast, St. Petri, monumentaler
Innenraum durch Formreduzierung

Wolgast, St. Petri

Von einem frühgotischen Vorgängerbau der
Petrikirche in Wolgast blieben Baureste mit
einem Spitzbogenportal in der Südwand des
südlichen Turmnebenraums erhalten. Für den
spätgotischen Neubau fehlen feste Daten,
aufgrund der Stilformen ist von einem Bau-

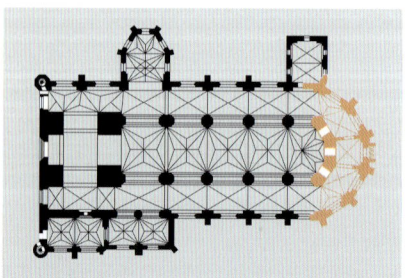

123 Wolgast, St. Petri, Grundriss mit
Chorumgang ohne Kapellen

beginn um 1400 auszugehen. Die Chorlö-
sung (Abb. 123) zeigt keine Beziehungen zu
Lübeck, sondern zur Marienkirche in Stargard
sowie zu St. Katharinen und St. Gotthardt in
Brandenburg/Havel – alles Kirchen, deren
Baubeginn ebenfalls um 1400 liegt.

Wie in Wolgast handelt es sich bei diesen Beispielen um einen polygonalen Umgang, jedoch ohne die beim Lübecker Vorbild und
seinen Nachfolgebauten üblichen polygonalen Kapellen. In Wolgast fehlen Kapellen
insgesamt, in Brandenburg und Stargard liegen sie mit trapezförmigem Grundriss zwischen den Strebepfeilern.

Bezüglich der Baumassengestaltung steht die
Petrikirche in Wolgast unter dem Einfluss der
Marienkirche in Stralsund. Das wird bei der
Betrachtung des Chorhauptes (Abb. 122)
deutlich, das zwar unten Strebepfeiler aufweist, oben aber glatte Wände ohne plastische Elemente zeigt.

[Full-width photograph of the vaulted ceiling]

125 Wolgast, St. Petri, verzweigtes Sterngewölbe in der einjochigen Nordkapelle, vergleichbar mit dem in der Vorhalle von St. Marien in Stralsund

Im Inneren (Abb. 124) spürt man, ähnlich wie bei St. Marien in Stralsund, die Monumentalisierung des Raumes durch die Reduzierung der Einzelformen. Die mächtigen Achteckpfeiler haben nur noch winzige Kantenstäbe, ragen weit vor die Wandfläche und betonen damit nochmals ihr Volumen.

Ohne Unterbrechung durch Kämpfer steigen die Pfeiler vom Sockel bis zum Gewölbeansatz auf, betonen dadurch die Vertikale des ohnehin steil proportionierten Raumes und reduzieren die Flächigkeit der Wand, die oberhalb der Arkaden nochmals zurücktritt. Das Chorpolygon ist ungewöhnlich flach aus nur drei Seiten eines Zehnecks gebildet.

Im Mittelschiff befinden sich durchweg Sterngewölbe (1716–28 erneuert), die auch in den westlichen Langhausjochen, in der Nordkapelle (Abb. 125) und in der westlichen Südkapelle (Abb. 126) auftreten. Bis zum Brand 1713 waren wohl die Seitenschiffe von Stern-

126 Wolgast, St. Petri, Sterngewölbe in den Südkapellen

gewölben überdeckt. Im Chorpolygon wechseln dreistrahlige mit vierteiligen Kreuzrippengewölben.

185

Entwicklung der Bauformen

Grundriss

Bei der Entwicklung der Grundrisse gotischer Backsteinbasiliken im Ostseeraum ist vor allem die Ausbildung des Umgangschores mit dem Kranz von fünf Polygonalkapellen von Interesse. Dafür dienten wohl die Kathedralen in Soissons und Quimper als Vorbild. Der Wunsch nach möglichst vielen Kapellen zur Aufstellung von Altären war der Anlass. Die Gilden der Kaufleute und Kapitäne, einzelne wohlhabende Handelsherren und die Handwerkszünfte hatten das Bedürfnis, Altäre als Stätten der Fürbitte zu stiften. Ihr Leben als weit über Wasser und zu Land Reisende war

mit großen Gefahren verbunden. Auch waren sie sich wohl angesichts des ständig gegenwärtigen Todes ihres sündigen Lebens bewusst und strebten nach Buße und göttlicher Gnade – um das Himmlische Jerusalem noch zu erreichen und nicht zu lange im Fegefeuer schmoren zu müssen.

Die Abhängigkeit der Lübecker Chorlösungen von den Vorbildern in Soissons oder Quimper (Abb. 127) wird im Zusammenziehen von Chorumgang und Kapellen zu einem sechsteiligen Kreuzrippengewölbe deutlich. Beim Vergleich mit dem Chor von St. Marien (Abb. 128) fällt eine Abweichung auf: Während in Quimper bereits die beiden westlichen Kapellen aus der Längsachse gedreht sind und Außenwände aus drei Polygonseiten besitzen, liegen in Lübeck diese Kapellen in der Ost-West-Achse der Seitenschiffe und haben nur zwei polygonale Außenwände sowie ein fünfteiliges statt der sonst üblichen sechsteiligen Gewölbe.

Beim Chor des Lübecker Domes (Abb. 129) dagegen sind wie in Quimper die beiden westlichen Chorkapellen aus der Längsachse der Seitenschiffe heraus gedreht, haben dadurch drei polygonale Außenwände und sechsteilige Gewölbe, folgen also genauer dem Vorbild von Quimper. Deshalb ist es denkbar, dass die erste Übernahme dieser Chorform aus Nordfrankreich nicht bei St. Marien, sondern beim Dom in Lübeck erfolg-

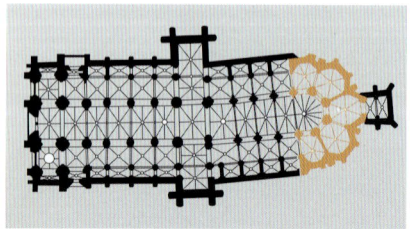

127 Quimper, Kathedrale, Grundriss

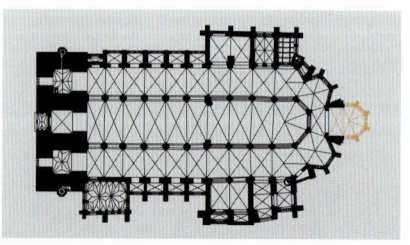

128 Lübeck, St. Marien, Grundriss

te. Die Bischöfe waren ohnehin in jener Zeit die führenden Bauherren, auch in den immer mehr erstarkenden Bürgerstädten – vor allem aber waren sie die Bauherren der französischen Kathedralen.

Die Verbindung zwischen Lübeck und den nordfranzösischen Kathedralen war also eher durch die Bischöfe als durch die Kaufleute möglich. Für den Baubeginn des Lübecker Domchores ist das Datum 1266 überliefert. Bedingt durch den Streit zwischen Bischof und Rat wurden die Arbeiten zwischen 1277 und 1329 eingestellt. Der Bau wurde erst durch Bischof Heinrich von Bocholt 1329–35 zu Ende geführt. Es ist deshalb durchaus möglich, dass der Domchor 1266 mit den Außenmauern der Kapellen für einen basilikalen Aufriss begonnen wurde, zumal auch das Langhaus damals noch eine Basilika war und erst 1335–41 zu einer Hallenkirche umgebaut wurde. Auch war der Domchor in Verden, der als Vorbild für den Hallenchor von Lübeck gilt, erst 1290–1323 erbaut worden. Beim Baubeginn für den Lübecker Domchor ab 1266 konnte er also noch nicht als Vorbild gedient haben.

Die Anlage eines Umgangschores mit Polygonalkapellen ist für einen Hallenraum völlig ungewöhnlich, üblich ist wie in Verden ein polygonales Herumführen der Seitenschiffe um das Chorhaupt. Eventuelle Kapellen wurden, wie später in Brandenburg, trapezförmig zwischen den Strebpfeilern angeordnet. Da bei allen Nachfolgebauten in Lübeck die Chorkapellen wie beim Dom gestaltet sind, besonders bei den frühen wie der Nikolaikirche in Stralsund (Abb. 130) und dem Dom in Schwerin (Abb. 131), kann man vermuten, dass zunächst nicht St. Marien, sondern der

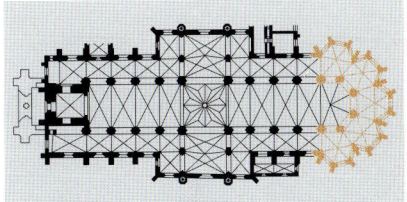

130 Stralsund, St. Nikolai, Grundriss

als Basilika begonnene Domchor das Vorbild für die neuen Backsteinbasiliken im Ostseeraum war. Nachdem dann um 1280 die Marienkirche in Lübeck begonnen worden war, wurde sie zum Modell für die weitere Errichtung der Nachfolgebauten, weil der Domchor bis 1329 nicht über die Außenwände der Kapellen fortgeführt wurde. Schon mehrfach bezweifelten Forscher den frühen, aus den Nachfolgebauten in Stralsund und Schwerin auf 1265 angesetzten Baubeginn für den neuen basilikalen Chor der Marienkirche, da die Vergleichsbeispiele für die Einzelformen auf eine spätere Entstehungszeit deuten.

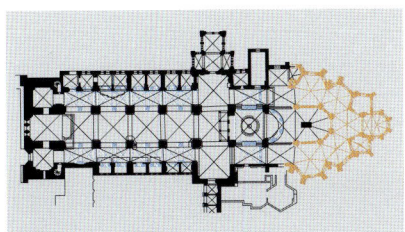

129 Lübeck, Dom, Grundriss

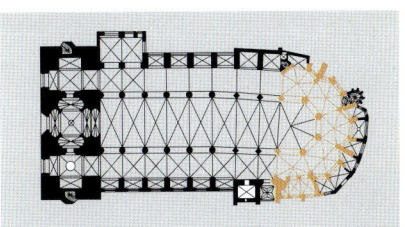

131 Schwerin, Dom, Grundriss

Raumproportionen

Verschiebt man den bisher auf etwa 1265 angenommenen Baubeginn für den Chor von St. Marien in Lübeck auf etwa 1280 und leitet die Chorlösungen der frühen Nachfolgebauten vom Domchor in Lübeck (begonnen 1266) ab, wird verständlich, warum die Raumproportionen von St. Nikolai in Stralsund (begonnen um 1270) mit ihrem Verhältnis von 1 : 2,3, des Domes in

und einer Höhe von 38 Metern genau die Maße und Proportionen der Kathedrale in Reims.

Man muss zwischen den absoluten Höhen gotischer Kathedralen und der Raumwirkung unterscheiden. Die höchsten Raumhöhen erreichten in der Gotik die Kathedrale in Amiens mit 43 Metern, der Dom in Köln mit 43,35 Metern und die Kathedrale in Beauvais mit 46,75 Metern im Chor und

132 Köln, Dom, Mittelschiff mit einer Höhe von 43,35 Metern

Schwerin (begonnen um 1270) mit 1 : 2 und der Klosterkirche in Bad Doberan (begonnen 1291) mit 1 : 2, im Vergleich zur Marienkirche in Lübeck mit 1 : 2,6 so relativ gedrückt erscheinen. Letztere erreicht mit einer Mittelschiffbreite von 14,1 Metern

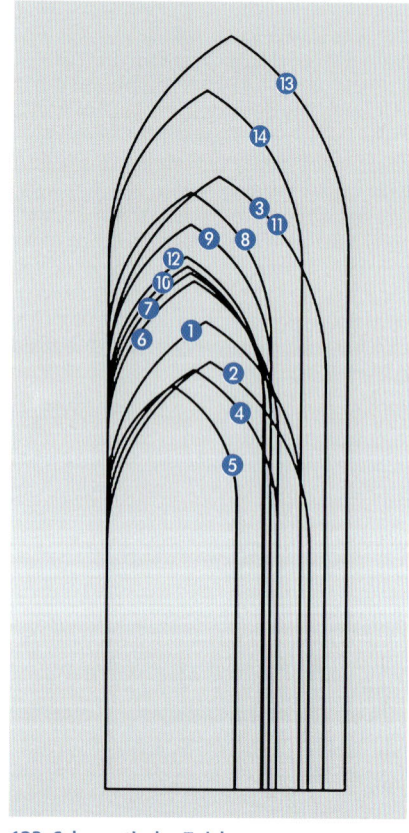

133 Schematische Zeichnungen von Raumquerschnitten

Raumproportionen westeuropäischer Kathedralen

Nr.	Ort	Kirche	Baubeginn	Breite	Höhe des Mittelschiffs	Verhältnis
Kathedralen aus Backstein						
❶	Stralsund	St. Nikolai	um 1270	12,5 m	29 m	1 : 2,3
❷	Schwerin	Dom	um 1270	13,1 m	26,5 m	1 : 2
❸	Lübeck	St. Marien	um 1280	14,1 m	38 m	1 : 2,6
❹	Bad Doberan	Klosterkirche	1291	11 m	26 m	1 : 2,3
❺	Wismar	St. Georgen	um 1290	8,31 m	25 m	1 : 3
❻	Rostock	St. Marien	um 1290	11 m	31,5 m	1 : 2,8
❼	Wismar	St. Marien	1339	10,5 m	32 m	1 : 3
❽	Wismar	St. Nikolai	1381	10,5 m	37 m	1 : 3,5
❾	Wismar	St. Georgen, Langhaus	1404	10,55 m	35 m	1 : 3,3
❿	Stralsund	St. Marien	1382/84	10,15 m	32,4 m	1 : 3,1
Kathedralen aus Werkstein zum Vergleich:						
⓫	Reims	Kathedrale	1211–21	14,1 m	38 m	1 : 2,6
⓬	Le Mans	Kathedrale, Chor	1217–54	10,06 m	33 m	1 : 3,3
⓭	Beauvais	Kathedrale	um 1238–72	15,5 m	46,75 m	1 : 3
⓮	Köln	Dom	1248–1320	12,5 m	43,35 m	1 : 3,5

48,5 Metern im Querschiff. Für das Raumgefühl beim Betreten einer gotischen Kathedrale ist aber nicht so sehr die absolute Höhe als vielmehr das Verhältnis der Breite zur Höhe des Mittelschiffs maßgebend. Es beträgt beim höchsten Chor in Beauvais 1 : 3, weil das Mittelschiff mit 15,5 Metern relativ breit ist. Der Chor der Kathedrale in Le Mans (s. Abb. 44) ist zwar mit rund 33 Metern deutlich niedriger als der in Beauvais, hat aber nur eine Mittelschiffbreite von 10,06 Metern, woraus sich ein Verhältnis

von 1 : 3,3 und damit eine steilere Raumwirkung ergibt.

Die steilsten Kathedralen sind der Kölner Dom (Abb. 132) und die Nikolaikirche in Wismar (Abb. 136) mit einem Verhältnis von 1 : 3,5.

Aus der Tabelle geht hervor, dass die Raumproportionen von westeuropäischen Kathedralen aus Werkstein zwischen 1220 und 1320 immer steiler wurden, ihr Verhältnis von 1 : 2,6 auf 1 : 3,5 stieg.

134 Beauvais, Kathedrale, das fast 47 Meter hohe Mittelschiff

135 Beauvais, Kathedrale. Außen unterstreichen Strebepfeiler die Höhenwirkung.

Im Backsteingebiet an der Ostsee erfolgte eine ähnliche Höhensteigerung zeitlich versetzt zwischen 1270 und 1400 mit wachsender Steilheit von 1 : 2 auf 1 : 3,5. Neben der Nikolaikirche in Wismar haben von den Backsteinkathedralen an der Ostsee die Marienkirche in Stralsund mit 1 : 3,1 und das Langhaus von St. Georgen in Wismar mit 1 : 3,3 die steilsten Proportionen. Der Baubeginn dieser drei am steilsten proportionierten Kirchen liegt zwischen 1381 und 1404.

Dass mit dieser Höhenentwicklung die Schwerkraft scheinbar aufgehoben und das Bild des Himmlischen Jerusalem vor Augen geführt werden sollte, findet in der Offenbarung des Johannes im 21. Kapitel, von Vers 10 an, eine theologische Grundlage. Hier wird die Großartigkeit der Himmlischen Stadt geschildert und die Höhe ihrer Mauer mit 144 Ellen angegeben. Werner Schäfke („Frankreichs gotische Kathedralen", Köln 1994, S. 122) glaubt nun, dass die Mittelschiffhöhe der Kathedrale in Beauvais (Abb. 134, 135) mit 46,75 Metern den 144 Ellen des Neuen Testaments entspricht. Demzufolge hätte in der Île de France und der Picardie eine Elle heutigen 0,32 Metern entsprochen, wäre also gegenüber den deutschen Ellen ungewöhnlich klein gewesen. Diese schwankten allerdings erheblich, und zwar zwischen 0,54 Metern in Frankfurt a. M. und 0,83 Metern in Bayern. Die Zahl 144 ist das Zwölffache der heiligen Zahl 12. Damit kommt ihr eine mystische Bedeutung zu. Wo man die im Mittelalter unübertroffene Höhe von 46,75 Metern nicht erreichen konnte, steigerte man die Raumproportionen bis zum Verhältnis 1 : 3,5 und beschwor so das Abbild des Himmlischen Jerusalem.

136 Wismar, St. Nikolai, das Mittelschiff mit 37 Metern Höhe

137 Lübeck, St. Marien, reich profilierter Bündelpfeiler im Chor, um 1280

138 Stralsund, St. Nikolai, Chorpfeiler vom südlichen Seitenschiff aus, Ende 13. Jh.

Pfeiler

Bei den frühen, zwischen 1270 und 1290 begonnenen, von den französischen Kathedralen und dem Dom in Köln beeinflussten Backsteinbasiliken sind die Pfeiler reich profiliert, besonders differenziert im Chor der Marienkirche in Lübeck (Abb. 137) und – in ihrer Nachfolge – im Chor der Nikolaikirche in Stralsund (Abb. 138).

Gegen Ende des 13. Jahrhunderts trat allgemein eine Vereinfachung auf, zum ersten Mal bei der 1291 begonnenen Klosterkirche in Bad Doberan, vielleicht noch in der Tradition der für die Zisterzienserbaukunst typischen Beschränkung der Formen. Während hier die Pfeilerkerne noch relativ dicht mit Diensten besetzt sind und deshalb nicht sehr stark in Erscheinung treten, verstärkt sich ihre volu-

minöse Wirkung im Dom in Schwerin (Abb. 139), dessen früher, auf 1270 geschätzter Baubeginn deshalb fraglich ist.

Nach 1300 setzte sich die Reduzierung der Pfeilerprofile fort, wie man beim Langhaus der Marienkirche in Lübeck (um 1315–30) oder der Nikolaikirche in Stralsund im Vergleich zu ihrem jeweiligen Chor beobachten kann. Zu den letzten stark profilierten Pfeilern gehören diejenigen im Chorhaupt der Marienkirche in Rostock, entstanden nach 1290. Späteste Beispiele sind die Pfeiler im Chor der 1381 begonnenen Nikolaikirche in Wismar, die im Langhaus zwar eine gewisse Vereinfachung erfahren, insgesamt aber für die Spätgotik als Sonderfall anzusehen sind.

Zum Ende des 13. Jahrhunderts trat im Chor der Georgenkirche in Wismar erstmals der Acht-

eckpfeiler auf, an den Kanten mit Rundstäben besetzt (Abb. 140). In ähnlicher Form wurde er auch bei St. Marien (ab 1339) und beim Langhaus von St. Georgen (ab 1404) eingesetzt.

In Wolgast tritt der Kantenstab wegen seines sehr dünnen Querschnitts kaum noch in Erscheinung, bei der Marienkirche in Stralsund (Abb. 141) wurde er nach 1382/84 durch eine leichte Abschrägung der Kanten ersetzt. Als man bei der Marienkirche in Rostock (Abb. 142) nach dem Einsturz 1391 die westlichen Pfeiler des Chores ummantelte, verzichtete man hier wie auch beim Langhaus auf jede Gestaltung der Pfeilerkanten. Die in den Pfeilerprofilen ablesbare Reduzierung der Einzelformen zugunsten der großen kubischen Form ist parallel bei der Gestaltung der Außenbauten zu verfolgen.

Unten, von links:

140 Wismar, St. Georgen, Langhaus, Achteckpfeiler mit Kantenstab, ab 1404

139 Schwerin, Dom, Chorpfeiler nur noch mit Diensten besetzt, Ende 13. Jh.

141 Stralsund, St. Marien, Langhaus, Achteckpfeiler, nach 1382/84 mit abgeschrägten Kanten

142 Rostock, St. Marien nach 1391, ummantelte Pfeiler

144 Schwerin, Dom, massiv wirkender Außenbau durch Verzicht auf Strebebögen

Wand

Bei den frühen Backsteinbasiliken bemühte man sich, durch eine starke Profilierung der Fensterlaibungen und Schildbögen sowie durch Überfangbögen am Außenbau die Dicke der Wände zu verschleiern. Liegt die Verglasung wie beim Dom in Schwerin (Abb. 143) dicht am Innenraum, wirken hier die Mauern dünn und flächenhaft, ihre tatsächliche Stärke tritt mehr am Außenbau (Abb. 144) in Erscheinung.

Zugunsten des schwerelos erscheinenden Inneren wurden die lastend wirkenden Mauerstärken nach außen verlagert. In der vom Baumassengefühl bereits zur Renaissance überleitenden Spätphase wurde das Gegenteil bezweckt. Die Obergadenfenster liegen bei der 1382/84 begonnenen Marienkirche in Stralsund (Abb. 145) weit außen, wodurch zwischen den nach innen gezogenen Stre-

143 Schwerin, Dom, Obergadenwand, flächenhafte Wandgestaltung, Ende 13. Jh.

146 Stralsund, St. Marien, flächenhaftes Mauerwerk am Außenbau, Ende 14. Jh.

bepfeilern tiefe Wandnischen entstehen. Innen ergibt sich dadurch eine plastisch stark belebte Wandstruktur, bei den Außenwänden (Abb. 146) dagegen eine völlige Flächigkeit.

145 Stralsund, St. Marien, plastischer Wandaufbau mit Nischen im Obergaden

147 Klütz, St. Marien, Kreuzgratgewölbe

Gewölbe

Die frühesten Gewölbe in Mecklenburg-Vorpommern sind die Kreuzgratgewölbe. Sie kommen bei den nach 1270 entstandenen Basiliken nicht mehr vor, zuvor aber bei St. Marien in Klütz (Abb. 147). Da ihre Kappen aus dem Mantel eines Zylinders bestehen, konnten sie insgesamt auf einer Schalung gemauert werden.

Zu den frühgotischen Gewölbeformen gehört auch das Kuppelgewölbe in Form einer gestreckten Halbkugel, wie es in der Kirche in Sanitz (Abb. 148) anzutreffen ist. Es konnte ringförmig wie eine Kuppel und damit ohne Schalung gemauert werden. Für die Ausführung von Kreuzrippengewölben wurden zunächst für die Rippen bandartige Leergerüste aus Holz eingezogen. Soweit in der Frühgotik die Kappen noch den Querschnitt von

Spitzbogentonnen besaßen, kann man – zum Beispiel beim Regensburger Dom – auch für sie Schalungsgerüste nachweisen.

Der Wunsch nach Einsparung des kostbaren Holzes und nach räumlich stärker bewegten Gewölbeformen führte bei den gotischen Backsteinbauten im Ostseeraum im letzten Viertel des 13. Jahrhunderts zur Übernahme von Kreuzrippengewölben mit gebusten Kappen aus Frankreich, wo sie bereits ein Jahrhundert früher entwickelt worden waren. Hierfür mussten nur noch für die Rippen Leergerüste geschaffen werden, die gebusten Kappen – die wie ein weiblicher Busen den Charakter einzelner Kuppeln haben – konnte man nun frei wölben.

Die Rippen waren für das freihändige Wölben der gebusten Kappen die unentbehrlichen Leitlinien der räumlichen Orientierung.

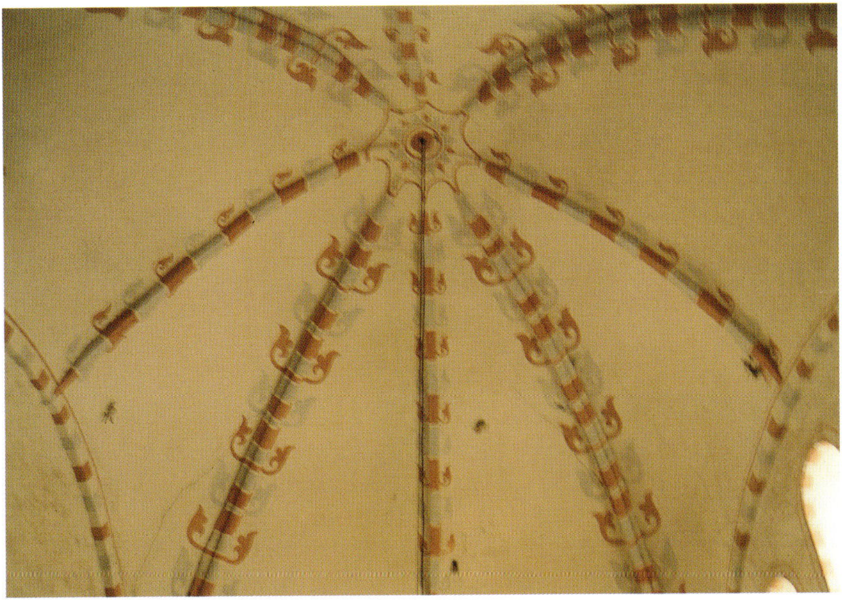

148 Sanitz, Dorfkirche, Kuppelgewölbe in Form einer gestreckten Halbkugel

149 Lübeck, St. Marien, sechsteiliges Kreuzrippengewölbe in den Kapellen

150 Grevesmühlen, Stadtkirche, starke Gurtbögen und dünnere Rippen

151 Marienburg, großer Remter, ein frühes Sterngewölbe über frei stehendem Pfeiler

Ob sie auch eine statische Funktion als Kraftlinien des Gewölbeschubs haben, ist umstritten. Auf jeden Fall sind sie ästhetisch für die Gliederung des oberen Raumabschlusses analog zu jener der Wände unverzichtbar. Bei frühgotischen Gewölbebauten in Mecklenburg-Vorpommern wie der Hallenkirche in Grevesmühlen (Abb. 150) wird zwischen breiten Gurtbögen und dünneren Rippen unterschieden, wodurch die einzelnen Joche eine größere räumliche Selbstständigkeit erhalten.

Bei der Marienkirche in Lübeck (Abb. 149) und allen ihren Nachfolgebauten gibt es diese Unterscheidung nicht mehr. Dadurch wurde eine Vereinheitlichung des Raumes bewirkt. In der Briefkapelle der Marienkirche in Lübeck kommt 1310 zum ersten Mal im Ostseeraum ein figuriertes Gewölbe über zwei frei stehenden Stützen auf, über drei schlanken Achteckpfeilern dann um 1325–50 im großen Remter der Marienburg (Abb. 151). Vorläufer dafür

waren die so genannten Tiercerongewölbe der Kathedrale in Lincoln, im Chor bald nach 1203, im Langhaus (Abb. 152) 1234 entstanden.

In der Kathedrale von Amiens bildete man bereits 1264 ein Sterngewölbe aus. Von dort oder aus England gelangten die Sterngewölbe in den Ostseeraum, wo sie zur beherrschenden Gewölbeform der Spätgotik nach 1380 wurden. Im Dom zu Schwerin und in St. Marien zu Stralsund war ihre Verwendung noch auf die Vierung beschränkt, bei St. Georgen in Wismar traten sie ab 1404 auch im Langhaus auf (Abb. 153), in Wolgast beherrschen sie das gesamte Mittelschiff (Abb. 154) und in der Marienkirche in Stralsund (Abb. 155) höchst eindrucksvoll die Westvorhalle. Der Vereinfachung der Pfeiler und Obergadenwände wirkte einer Bereicherung der Gewölbezone entgegen und lenkte den Blick – unterstützt durch eine immer reicher werdende Ausmalung – nach oben.

152 Lincoln, Kathedrale, Tiercerongewölbe

154 Wolgast, St. Petri, Sterngewölbe

153 Wismar, St. Georgen, Langhaus

155 Stralsund, St. Marien, Sterngewölbe

156 Köln, Dom, Chor von Osten

157 Lübeck, St. Marien, Chor von Osten

Außenbau

Im Vergleich zu dem dichten Gespinst aus Strebepfeilern, Fialen und Strebebögen, die das Chorhaupt des Kölner Domes (Abb. 156) umhüllen und den Kubus verunklären, wirkt der Chor der Marienkirche in Lübeck (Abb. 157) bedeutend klarer. Die Backsteintechnik zwang durch die begrenzte Zahl von Formsteinen generell zur Reduzierung und Vereinfachung der Formen. Noch aber treten die Strebepfeiler und offenen Bögen stark plastisch hervor, ist die Dachlandschaft über den Chorkapellen zerklüftet. Bei der Nikolaikirche in Stralsund folgte man treu dem Lübecker Vorbild.

Dagegen wurde bereits vor dem Ende des 13. Jahrhunderts mit dem Chor des Domes in Schwerin (Abb. 61) eine entscheidende Vereinfachung vorgenommen. Steinerne Balken über den einspringenden Polygonseiten lassen dort die Traufe des Walmdaches zu einer großen Form verschmelzen. Auf die offenen Strebebögen glaubte man am Chor verzichten zu können, musste dafür aber steilere Dä-

cher und als Folge spärlich geöffnete Obergadenfenster in Kauf nehmen. Einst hatte der Chor der Klosterkirche in Bad Doberan eine ähnliche Dachlösung, dabei allerdings offene Strebebögen. Ferner zeigen auch die Marienkirche in Rostock, die Marien- und die Nikolaikirche in Wismar sowie die Klosterkirche in Dargun ähnliche Außengestaltungen der Chorhäupter.

Die konsequenteste Vereinfachung fand man ab 1382/84 beim Chor der Marienkirche in Stralsund (Abb. 96), wo die Polygonalkapellen außen gar nicht mehr, sondern nur noch in den sechsteiligen Gewölben des Umgangs in Erscheinung treten und es keinerlei Strebepfeiler mehr gibt, auch nicht am Langhaus. Die Petrikirche in Wolgast (Abb. 122) hat zwar keine Chorkapellen, folgt aber im Verzicht auf Strebepfeiler am Obergaden dem Beispiel von Stralsund.

Den Endpunkt der Entwicklung zur Vereinfachung bildet der Chor der Klosterkirche in Dargun (Abb. 158), der zwar, kaum wahr-

158 Dargun, Klosterkirche, Chor, kubische Geschlossenheit am Ende der Entwicklung

nehmbar, noch Zwickel zwischen den Poly-
gonen der Kapellen aufweist, deren Dächer
aber mit dem Dach des Obergadens unter einem großen Walm vereint und damit den
Chor auf eine Pseudobasilika ohne Belichtung
im Obergaden reduzierte. An die Stelle hoch-
gotischer Verhüllung trat nun kubische Geschlossenheit, welche die gotische Baukörper-
gestaltung im Sinne der nahenden Renaissance ablöste.

Glossar

Apsis (gr.: Rundgang, Bogen) bezeichnet den halbrunden, später dann polygonalen überwölbten Raum am Ende des Langhauses oder des Chores eines Kirchenbaus. Eine Apsis befindet sich in der Regel im Osten, bei doppelchörigen Anlagen zusätzlich auch im Westen der Anlage.

Archivolte bandartige, profilierte, oft mit reichem plastischen Schmuck versehene Rahmenleiste eines Portalbogens

Arkade (von lat. arcus = Bogen) ein sich über Stützglieder (Pfeiler, Säulen) spannender Bogen. Im Kirchenbau trennen die Arkaden Mittelschiff und Seitenschiffe. Eine Blendarkade ist ein entsprechendes Schmuckelement, das der Wand vorgeblendet ist.

Aufriss graphische Darstellung einer Wandgliederung (außen oder innen)

Backstein traditionelle Bezeichnung für den historischen Mauerziegel. In Ton geformter Baustein, der in der anschließenden Trocknungsphase zum sog. → Rohling wird. Der B. wird in nördlichen Breitengraden durch Brennen bei ca. 1 000 Grad gehärtet und wetterfest gemacht. Das Bauen mit luftgetrockneten Lehmziegeln ist hingegen trockeneren, heißeren Regionen (wie Nordafrika und Vorderasien) vorbehalten.

Baldachin dachartiger Aufbau auf Stützen. In der Gotik spricht man bezüglich der systematischen Abfolge der auf den Diensten ruhenden Kreuzrippengewölbe von einem Baldachinsystem.

Baptisterium (lat. v. gr. baptisterion = Badebassin) Nach frühchristlichem Brauch wurden in der Regel nur Erwachsene durch völliges Unter- oder teilweises Eintauchen des Körpers getauft. Dies führte schon im 4. Jahrhundert dazu, dass in unmittelbarer Nähe bischöflicher Kirchen eine kleinere Taufkirche als selbstständiger Bau errichtet wurde. Diese Baptisterien waren meist Zentralbauten mit quadratischem, polygonalem, rundem, kreuz- oder kleeblattförmigem Grundriss. In der Mitte war ein achteckig oder kreuzförmiges Wasserbecken (Piscina) im Boden versenkt, zu dem mehrere Stufen herabführten.

Basilika verbreitetste Bauform des mittelalterlichen Kirchenbaus mit Ursprüngen in der Antike. Drei- oder fünfschiffig. Bei der B. ist das Mittelschiff höher als die Seitenschiffe. Das Mittelschiff wird durch Fenster im → Obergaden und in den Seitenschiffen belichtet. Neben den Kirchenbauten auch bei frühen Bahnhofshallen und Kaufhausgroßbauten eingesetzt.

Baufuge, Baunaht Übergang zwischen zwei Mauerabschnitten. Sie kommen häufig an Bauten vor, bei denen eine lange Bauzeit technische und stilistische Unterschiede zwischen den Bauphasen zur Folge hatte.

Bauhütte Werkstattverband von Bauleuten (Steinmetz, Baumeister/Architekt, Maurer, Zimmermann etc.) an mittelalterlichen Großbaustellen wie bei Domen, Kathedralen und Rathäusern mit eigener Ordnung und kleiner Rechtsprechung

Birnstab Formelement als Rippe oder Dienst mit birnenförmigem Querschnitt

Blattwerk/Laubwerk naturalistische und stilisierte Verzierung aus zusammengesetzten

Blättern. Tritt in fast allen Stilepochen, am ausgeprägtesten in der Gotik, auf.

Blendbogen ein vor die Mauer gelegter Bogen

Blendmaßwerk Dieses → Maßwerk ist einer gemauerten Wandfläche vorgeblendet, im Unterschied zu Fenster-Maßwerk.

Bündelpfeiler Pfeiler, der mit unterschiedlich starken Runddiensten umgeben ist. Ein typisches Merkmal der spätromanischen und vor allem der gotischen Baukunst.

Caraque → Karacke

Chor Altarraum, östlicher Abschluss einer Kirche. In kleineren Kirchen häufig als halbrunde Apsis angeschlossen, das Chorpolygon ist im Gegensatz zur Apsis ein vieleckig gebrochener Abschluss. Bei den großen Kathedralen und Stadtkirchen werden mehrere Chorkapellen zu einem Kapellenkranz zusammengeschlossen, der über einen Chorumgang erschlossen wird.

Chorschranken hölzerne oder steinerne Trennungswände, die den Ort des Gottesdienstes für die Mönche oder Kleriker im Chor einer Kirche umgeben. In Kirchen mit Chorumgang umgeben sie oft den gesamten Chor.

Deutsches Band Einfache oder doppelte Lage schräggestellter Ziegel, so dass sie mit einer Kante der Schmalseite zur Mauerflucht stehen. Bei der doppelten Reihe liegen die Kanten jeweils versetzt.

Dienste Schlanke, halb- oder dreiviertelrunde Rundstäbe, die vor → Pfeilern oder Wänden hochgeführt werden und deren Kern oft ganz verstecken. Die Aufgabe ist das Abstützen der Druckkräfte der Rippen-, Gurtbögen (→ Gewölbe) oder Arkadenbögen. Die sog. Alten Dienste tragen dabei die stärkeren Gurte, die schlankeren Jungen Dienste die Rippen und Profile. Werden sie zu mehreren kombiniert, spricht man von einem Dienstbündel. Sie können Basis und Kapitell haben, müssen dies aber nicht.

Dom Sitz und Kirche des Bischofs und Domkapitels, → Kathedrale

Farbigkeit Über die originale Farbigkeit der Backsteingotik im Äußeren ist wenig oder gar nichts bekannt. Die Großbauten der Kirchen hatten vermutlich eine farbige Fassung in Form von Tünchen oder Schlämmen. Aus den geringen Resten der Farbfassungen lässt sich jedoch keine zusammenhängende Farbigkeit der gotischen Architektur vergleichbar den Innenräumen rekonstruieren. Rathaus und andere Repräsentationsbauten besaßen farbig glasierte Ziegel oder eine Bänderung aus der Abfolge von verschiedenfarbigen Ziegeln. Sicher ist, dass die verputzten und gekalkten Nischen der Blindfenster in den Hochnischen einen farbigen Akzent bildeten. Ob darüber hinaus weitere Farben hinzutraten und eine bunte Farbigkeit erzeugten, bleibt ungewiss. Darf man aber den Tagebüchern einer mittelalterlichen Delegation aus dem fernen Reval nach Rom glauben schenken, so beeindruckte das Rot und die Massigkeit und Dichte der Lübecker Backsteinbauten bis jenseits der Alpen die Reisegruppe und wurde erst dort durch das Licht und die Architekturbauten der Campagna langsam abgelöst.

Fassung farbige Bemalung von Architektur oder Skulpturen

Fiale Charakteristisches türmchenartiges Zierglied der Gotik, mit vier- bzw. achteckigem Schaft mit Maßwerkdekorationen und abschließendem Helm in Pyramiden- und Satteldachform. Die Außenkanten sind vielfach mit Krabben besetzt und die Spitze bekrönt meist eine Kreuzblume. Oft als Bekrönung von → Strebepfeilern oder als seitliche Begrenzung von → Wimpergen.

First höchste Begrenzungslinie eines Satteldaches

Fischgrätenmuster Eine Art des Mauerverbandes, auch Ährenwerk genannt, weil die Ziegelsteine wie Fischgräten oder Ähren vermauert sind

Fock Bei mehrmastigen Segelschiffen das unterste Rahsegel am Fockmast (vorderster Mast) bzw. Vorsegel bei modernen Jachten

Formstein / Formziegel weichen vom Normalziegel (Backstein im Normalformat) aufgrund ihrer besonderen Formgebung ab. Backstein, der im Unterschied zum rechteckigen Normalformat an mindestens einer Längs- oder Schmalseite profiliert oder rund ausgebildet ist. Über- oder nebeneinander vermauert bilden die Formsteine Gewölberippen, Fenster- oder Portalrahmungen oder Zierfriese.

Friedeschiff Hansische Bezeichnung für ein Kriegsschiff im Kampf gegen Kaperer und Piraten – also ein Schiff, das den Frieden auf See sichern sollte

Fries Dekorativer, durch Malerei, plastische Ornamentik und figürliche Darstellungen geschmückter Flächenstreifen zur Gliederung von Architekturelementen

Gebundenes System Raumsystem in einer gewölbten Basilika. Einem quadratischen Mittelschiffjoch entsprechen zwei ebenfalls quadratische Seitenschiffjoche von halber Kantenlänge.

Gebust (auch busig) ist ein Gewölbe, wenn seine Kappen leicht ansteigen, so dass der Scheitelpunkt des Kreuzgewölbes höher liegt als die Scheitel der Längs- und Quergurte.

Gesims waagerechtes Bauelement zur Gliederung der Architektur

Gewände schräge Einschnittflächen von Portalen und Fenstern in Mauern, oftmals Ansatzflächen für Baudekor, z. B. bei mittelalterlichen Gewändeportalen

Gewölbe Eine gekrümmte Raumdecke aus Natur- oder Backstein, die sich in echte und oder unechte Gewölbe (hierzu zählen Gewölbe aus Holz und Stuck) unterscheidet. Gewölbe können aus einer tragenden Gewölbeschale (Tonnengewölbe) bestehen. Bei der Durchdringung von zwei gleichhohen Tonnengewölben entsteht ein Kreuzgratgewölbe. Die Lasten können aber auch von Rippen übernommen werden, die ein Tragegerüst ausbilden, zwischen das die lastende Gewölbeschale als Membran oder Kappe gespannt

ist. Derartige Gewölbekonstruktionen heißen Rippengewölbe. Das übliche Kreuzrippengewölbe der Gotik besteht aus dem Gurtbogen (Transversalbogen), der die einzelnen Joche trennt, den zwei Scheid- oder Schildbögen als Begrenzung in der Längsrichtung und den Diagonalbögen, den eigentlichen Rippen. Soll aus dem so entstandenem Regelfall des vierteiligen gotischen Kreuzrippengewölbes ein sechs- oder achtteiliges Gewölbe gebildet werden (Schmuckgewölbe in Kapellen), zog man zusätzliche Scheitelrippen ein. Fächer- oder Netzgewölbe haben außerdem noch Tiercerone, das sind vom Kämpfer ausgehende Nebenrippen und Liernen, die weder von einem Schluss-Stein noch von einem Kämpfer ausgehen und zur Aussteifung der Knickpunkte der Rippen und Tiercerone dienen. Die Einteilung in Joche geht verloren. Bei einem Sterngewölbe bilden die Rippen ein sternförmiges Muster aus, wobei die Jocheinteilung erhalten bleibt. Das Fächergewölbe gibt ebenfalls die Jocheinteilung auf und eine Vielzahl von Rippen strahlt von einem Kämpferpunkt aus.

Glasur glasartiger Überzug von Ziegel- oder Formsteinen zur Abdichtung und Veredelung, auch Witterungsschutz

Grauwacke (Bergbaubegriff aus dem Harz, mindestens seit 1780) bezeichnet einen meist dunkelgrau bis braungrau gefärbten Sandstein mit Gemengteilen aus Quarz, Feldspat und Gesteinsbruchstücken, Glimmer, Chlorit und Tonmineralien. Letztere sind eine Art Bindemittel für die Quarz- und Feldspatkörner. Die Entstehungszeit der Grauwacke fällt in die Zeit des Devon vor etwa 350 Millionen Jahren, als diese Konglomerate gleichzeitig mit dem Tonschiefer entstanden. G. kommt in Deutschland vor allem in der Eifel, im Frankenwald, im Harz, in der Lausitz, im Sauerland und im Thüringischen Schiefergebirge vor und wird viel für die Produktion von Pflastersteinen benutzt. Die Kombination aus weichem Tonschiefer, verwitterbarem Quarzitschiefer und harter G. führt aber auch zu steinreichen und trockenen Verwitterungsböden, die sich bestens für den Weinanbau eignen (Mosel, Ahr, Mittelrhein, Rheingau). Schon J.W. von Goethe kannte ‚die graue Wacke des Harzes, ein jüngeres Gemisch von Quarz und Schieferteilen...' (‚Über den Granit', handschriftliches Fragment 1784).

Großmast Hauptmast eines Bootes, bei Dreimastern und mehrmastigen Schiffen der zweite Mast hinter dem Fockmast

Gurt, Gurtbogen begrenzt die einzelnen Gewölbefelder (Joche) in der Querachse eines Baues

Halle, Hallenkirche Anders als bei der → Basilika sind bei der H. die Schiffe gleich hoch. Das Mittelschiff wird über die Seitenschiffe belichtet, die große Fensterflächen aufweisen. Siedler aus Westfalen führten diese Bauform im Gebiet der Backsteingotik ein, wo sie vor allem bei kleineren Kirchen zur Anwendung kam.

Hansen (Hansa Theutonicorum, dudesche hense) Zusammenschluss von Kaufleuten und Städten im Mittelalter. Der Name ‚Hanse' ist sehr alt und germanischen Ursprungs und bedeutete anfangs ‚bewaffnete Schar'. Im 12. und 13. Jahrhundert tauchte der Begriff in Süddeutschland und zwischen dem nördlichen Frankreich und Norddeutschland auf. Er bezeichnete im Inland eine von Kaufleuten entrichtete Abgabe, im Ausland eine Kaufleutegruppe. Die ‚Flandrische Hanse' findet sich am Anfang des 13. Jahrhunderts als Kaufleutegemeinschaft in London. Erstmals wurden 1267 Zusammenschlüsse norddeutscher Kaufleute in einer englischen Königsurkunde als ‚Hansen' bezeichnet, weil ihr Statut dem der flandrischen Hanse von London glich. Erst 1343 wird die gesamte Gemeinschaft der norddeutschen Kaufleute erstmals mit ‚Hansa Theutonicorum' bezeichnet. Im Niederdeutschen, der ‚Hansesprache', setzte sich der Begriff ‚stede van der dudeschen hense' allgemein durch.

Holk (auch Hulk) Ein nordeuropäisches Segelschiff mit stark gerundeten Formen und einem flachen Boden ohne Kiel. Der Holk war ursprünglich für kleine bis mittlere Lasten (10–50 Tonnen) konzipiert, überholte aber später (Ende 14. Jahrhundert) mit einer Tragfähigkeit von 300 Tonnen sogar die Kogge. In der Folgezeit entwickelten sich Mischformen (holkähnliche Form, Klinkerbeplankung mit Kiel), die aufgrund uneinheitlichen Sprachgebrauchs sowohl als Holk als auch als Kogge bezeichnet wurden.

Joch Raumelement. Bezeichnet das einzelne Gewölbefeld eines Bauwerkes zwischen den Stützen. Mehrere Joche hintereinander ergeben das Kirchenschiff.

Kaffgesims (Wasserschlag) vorspringende horizontale Wandgliederung mit schräg abfallender Oberfläche

Kämpfer Der Übergang von senkrechten Bauteilen in die Krümmung eines Bogens oder eines Gewölbes, der den Druck von oben ableitet; oft als Kämpferstein besonders hervorgehoben. Befindet sich der Kämpferstein an einem Pfeiler, nennt man ihn Pfeilerkämpfer.

Kapellenkranz bezeichnet alle Kapellen, die um einen Chorumgang angeordnet sind

Kapitell (von lat. capitellum = Köpfchen) oberer, oft reich verzierter Abschluss einer Stütze (Pfeiler, Säule)

Karacke (frz. Caraque) Im ausgehenden Mittelalter größter Schiffstyp mit drei bis vier Masten, Kraweelbeplankung, kastellartigem Aufbau im Vorschiff sowie langem Heckaufbau. Die Karacke war sowohl als Handels- wie als Kriegsschiff im Einsatz und gilt als Vorläufer der späteren großen Dreimastschiffe.

Karner (von lat. carnarium = Beinhaus) eine in der Regel zweigeschossige Friedhofskapelle. Im Untergeschoss lagerten Gebeine, im Obergeschoss befindet sich ein Altarraum für Totenmessen.

Kathedrale (hergeleitet von gr. kathedra = Bischofssitz) Die Bischofskirche entspricht dem Dom oder dem Münster. Umgangssprachlich auch für große domähnliche Pfarrkirchen gebräuchlich, das Kathedralschema nimmt die Formen der Dom- oder Kathedral-kirchen auf, so bei St. Marien in Lübeck

Klinker Moderne Bezeichnung eines Sicht-mauer- oder Fassadensteins, der eine gesin-terte Brennhaut aufweist und über bestimm-te bauphysikalische Eigenschaffen verfügt (z. B. Wetterbeständigkeit).

Kogge (urkundlich ‚der Koggen') Breitbauchi-ges, hochseetüchtiges Schiff der Hansezeit in Nordeuropa, entwickelt aus vermutlich frie-sisch-niederländischen Vorläufern. Seit dem Ende des 12. Jahrhunderts das typische Last-schiff der Hanse. Die Länge betrug etwa 30 Meter, die Breite etwa sieben Meter, der Tief-gang etwa drei Meter. Koggen wurden aus übereinandergesetzten, geklinkerten Planken gefertigt, Kiel und Steven waren gerade. Sie besaßen einen Mast mit einem einzigen Se-gel. Koggen waren damit in der Lage, gegen den Wind zu kreuzen. Man geht heute davon aus, dass sich die Koggen nach Nord-seekoggen mit flachem Boden (Koggenfund: Bremer Kogge) und Ostseekoggen mit run-dem Boden (Koggenfund: Poeler Kogge) unterscheiden lassen.

Kölner Konföderation Bündnis von Hanse-städten, Fürsten und holländischen Städten im Krieg gegen das Königreich Dänemark, geschlossen auf dem Hansetag in Köln 1367. Die ‚Kölner Konföderation' schloss 1370 den Stralsunder Frieden mit dem dänischen Kö-nig. Das Bündnis wurde noch bis 1385 ver-längert. Um die gemeinsamen Kriegsmaß-nahmen zu finanzieren, wurde vom Gut ei-nes jeden Kaufmannes der beteiligten Partner ein ‚Pfundgeld' erhoben, das beim Verlassen des Hafens fällig wurde. Mit diesem Geld konnten Kriegsschiffe ausgerüstet werden.

Konsolstein aus einer Mauer vorkragendes Tragelement, auf dem eine Skulptur oder Architekturelemente, wie Gesimse, Bogen, Balkone, Erker usw. ruhen können

Krabbe auch Kriechblume, Blattornament der Gotik an Bogenläufen und schräg verlaufen-den Architekturgliedern, wie Wimpergen, Fialen und Giebeln

Kraweel Schiff, bei dem die Längsnähte der Außenhautplanken nicht übereinanderge-lappt liegen (Klinkerbauweise: → Kogge, früher → Holk), sondern stumpf aufeinander-gefügt sind. Ursprünglich auf Südeuropa beschränkte Konstruktionsart, die erst spät (nach 1459) in Nordeuropa Einzug hielt.

Kreuzblume weitere Bezeichnungen: Giebel-, Kanten- oder Firstblume. Plastisches Orna-ment der Gotik in Form eines Blatt- oder Blütenstandes, verbreitet als Bekrönungsele-ment von Türmen, Wimpergen, Fialen, Por-tal- und Fensterbögen.

Kreuzrippengewölbe Die Grate der sich durchdringenden Gewölbe werden von Rip-pen unterfangen, die sich in der Gewölbe-mitte mit einem Schlussstein kreuzen.

Krypta (gr. kryptos = verborgen) unterirdische Kammer in Kirchen, meist unter dem Chor gelegen, der ursprünglich zur Aufnahme von Märtyrerreliquien bestimmt war, später dann auch Gräber von Bischöfen und Äbten auf-nahm. Die zunehmende Heiligenverehrung bewirkte, dass die frühen Krypten, die nur aus einem Gang bestanden, zu geräumigen Stollen-, Ring-, oder mehrschiffigen Hallen-krypten vergrößert wurden. In romanischer Zeit nahmen sie den gesamten Raum unter dem erhöht liegenden Chor der Kirchen ein.

Laibung Bei Kirchenfenstern oder Portalen bezeichnet man die oft schräg verlaufende Rahmung als Laibung, mitunter ist diese durch Halbsäulen profiliert.

Langhaus Teil einer Kirche zwischen Fassade und Querhaus bzw. Chor bei einer Basilika. Zu ihm können Mittelschiff, Seitenschiffe bzw. auch Seitenkapellen gehören.

Lehm ist ein mit sehr feinkörnigem Quarzsand (30–80 %) und Mergel gemengter Ton. Je nach Vorkommen weist er unterschiedliche Eigenschaften auf; auch färben ihn seine Eisenhydroxidanteile nach Brand rot bzw. seine Kalkanteile gelb. Lehm ist einer der ältesten Baustoffe überhaupt. Dieses verbrei-tete Verwitterungsprodukt aus der Gesteinsschicht der Erde ist leicht formbar, trocknet in der Sonne und kann zu Ziegeln gebrannt werden. Wände aus Lehm-Stroh-Gemisch oder aus Ziegelsteinen wirken u.a. wärmespeichernd, schalldämmend und brandhemmend. Lehm ist der ideale Baustoff in steinarmen Gebieten.

Lettner Trennwand an der Grenze zwischen Chor und Mittelschiff und damit zugleich zwischen dem Chor als Raum der Geistlichkeit und dem Langhaus als Laienkirche. Von einer über Treppen erreichbaren Bühne wurden Evangelium und Epistel verlesen.

Lisene (von frz. lisière = Rand) schwach vortretender, senkrechter Mauerstreifen. Im Gegensatz zum Pilaster ohne Basis und Kapitell, dient die L. der Gliederung von Fassaden – vor allem in der Romanik. Lisenen sind oftmals durch Blendbogen oder Rundbogenfriese miteinander verbunden.

Mandorla mandelförmiger Heiligenschein, der nur den thronenden Christus im Jüngsten Gericht und in der Maiestas Domini bzw. die Madonna umgibt.

Maßwerk (das ‚gemessene Werk‘) Geometrisch konstruiertes Bauornament der Gotik zur Unterteilung von Fenstern, Giebeln, Wänden, Altären etc., das auf dem mit dem Zirkel geschlagenen kreisförmigen Pass aufbaut. Die Grundformen sind Pass, Blatt und Schneuß, die sich zu Gruppen formieren. Im Verlauf der Gotik entstanden immer variantenreichere, phantasievollere Gebilde.

Mittelschiff mittlere Raumeinheit einer mehrschiffigen Anlage. Von den Seitenschiffen ist es durch (Scheid-)Arkaden abgetrennt.

Model hölzerne Model ermöglichen das Verzieren von Formziegeln. Hierfür mussten die Model mit dem Hammer in den lederharten Formling eingeschlagen werden.

Mönch-Nonnen-Deckung mittelalterliche Dachdeckung aus Hohlziegeln. Der konvex (nach oben) gewölbte Dachziegel, der ‚Mönch‘, wird über dem konkav (nach unten) gewölbten Ziegel, der ‚Nonne‘ angeordnet.

Mörtel Gemisch aus Bindemittel (Kalk, Gips, heute auch Zement), Sand o. ä. und Wasser zum stabilen und weitgehend wasserdichten Verbinden von Mauersteinen oder Verputzen von Wänden und Decken. Für Kalk wurde Kalkstein oder Muschelschlick aus dem Wattenmeer gebrannt und mit Wasser gelöscht. Die Denkmalpflege bemüht sich um eine Annäherung an die historischen Mörtel.

Normalziegel / Normziegel Backstein in Normalformat. Mauersteine aus gebranntem Tonmaterial in normiertem Format. Ein gebräuchliches mittelalterliches Mauerziegelformat war das sog. ‚Klosterformat‘ mit den Durchschnittsmaßen von 32 x 16 x 8 cm. In Preußen wurde 1872 das Ziegel- bzw. Klinkerformat von 25 x 12 x 6,5 cm verbindlich, das sich dann im Deutschen Reichsgebiet durchsetzte (deshalb auch als ‚Reichsformat‘ bezeichnet).

Nowgorodfahrer Kompagnie der mit dem Hansekontor im russischen Nowgorod handelnden Kaufleute. Hier bestand seit der zweiten Hälfte des 12. Jahrhunderts eine Niederlassung gotländischer Kaufleute, der ‚Goten- oder Olavshof‘, während deutsche Kaufleute den ‚Peterhof‘ errichteten. Über Nowgorod wurde der russische und innerasiatische Markt für Westeuropa erschlossen. Die Nowgorodfahrer unterschieden sich je nach Reisesaison und Hanselsgut in Winter- und Sommerfahrer.

Obergaden über die Seitenschiffe erhöhter Wandbereich des Mittelschiffs einer → Basilika, der über den Dächern der Seitenschiffe befenstert ist

Ortsstein (auch Ortgestein) bildet sich, wenn sich mineralisches Feinmaterial in der Erde wasserundurchlässig verkittet. Dies wird verursacht durch Austrocknen der oberen Bodenschichten und Zurückweichen des Grundwassers. Wo der schützende Wald abgeholzt wurde, wusch das Regenwasser Tonteilchen und Eisensalze in die unteren Bodenschichten. Die rotbraunen Eisensalze haben sich im Unterboden gesammelt und verkleben ihn zu zementhartem ‚Ortsstein‘, den die Pflanzenwurzeln nicht durchstoßen können. An der Luft ist er verwitterungsanfällig. In Norddeutschland, wo er z.B. in der Lüneburger Heide vorkommt, wird er auch Ortgestein genannt.

Pass   Kreis, der durch mehrere Kreisbögen aufgeteilt ist. Bei einer Dreiteilung spricht man von einem Dreipass, bei Viererteilung in Form eines Kleeblattes vom Vierpass usw.

Pfeiler   vertikale Stütze zwischen Öffnungen, meist auf quadratischem, rechteckigem oder → polygonalem Grundriss (→ Bündelpfeiler). Der Rundpfeiler unterscheidet sich von der → Säule durch seinen einheitlichen kreisrunden Grundriss, wohingegen sich die Säule in der Mitte verbreitert (Entasis) und nach oben verjüngt. Der P. kann Basis und → Kapitell oder einen → Kämpfer haben.

Pfeilerkämpfer   → Kämpfer.

Polygon, polygonal   Den mehreckigen Schluss eines → Chores, wie er in der Gotik üblich ist, nennt man Chorpolygon.

Portasandstein (Braunjura)   Es handelt sich um einen grauen Sandstein mit guter Verwitterungsresistenz, der durch Einlagerung von Eisen- und Tonmaterialien ein von Brauntönen beherrschtes Farbspiel zeigt. Er kommt nur in einem kleinen Gebiet um die Porta Westfalica herum vor, von der er seinen Namen hat. Auch das dortige Kaiser-Wilhelm-Denkmal besteht aus P. Er entstand in der Doggerperiode des Jura. Die Weser bot gute Transportbedingungen, wodurch die Portasandstein bis über Bremen hinaus Verbreitung fand. Seine Beliebtheit für den Bau von Burgen, Kirchen und öffentlichen Bauten bis ins 20. Jahrhundert hinein erklärt sich aus seiner leichten Bearbeitung und seiner ‚Maserung' (durch Erzeinschlüsse). Heute wird er jedoch nicht mehr abgebaut.

Pultdach   Einfachste Dachform (halbes Satteldach), die nur aus einer schrägen Dachfläche besteht. Zu finden ist diese häufig über den Seitenschiffen einer Basilika.

Pyramidendach   Es gibt viele unterschiedliche Formen von Dächern, die sich nach der Anordnung der geneigten Dachflächen bestimmen lassen. Laufen vier Dachflächen pyramidenförmig nach oben zu, so bezeichnet man dies als Pyramidendach.

Querhaus/Querschiff   quer zur Hauptrichtung der Kirche ausgeformter Gebäudeteil, meist mit gleicher Höhe wie das Mittelschiff

Raseneisenstein, Raseneisenerz   angereichertes Eisenhydroxid. Bildete sich in feuchten, sumpfigen Niederungsgebieten aus Oxidation von eisenhaltigem Wasser von Quellen oder Grundwasseraustritten mit Sauerstoff und der Einwirkung von Mikroorganismen. Von ihrem Vorkommen direkt unter der Oberfläche, also der Rasendecke, hat die rote Eisenerde den Namen. Bei weiterer Anreicherung wird sie fester, schwarzblau und wirkt wie Schlacke. Bevor sich der Backstein durchsetzte, verwendete man den R. ebenso wie das damit nicht zu verwechselnde → Ortgestein im Norden Deutschlands als Baustoff. Die Lagerstätten sind inzwischen ausgebeutet, weil R. auch zur Eisengewinnung verhüttet wurde. Bei der Restaurierung historischer Gebäude kommt daher der Konservierung der porösen und daher verwitterungsanfälligen R.-quadern besondere Aufmerksamkeit zu.

Remter   Den Speisesaal, in dem sich die Geistlichen zur Einnahme ihrer Mahlzeiten zusammenfanden, bezeichnet man in einem Kloster als Refektorium, in einer Ordensburg des Deutschen Ritterordens als Remter. Es gab Sommer- und Winterremter, die berühmtesten befinden sich in der Marienburg, dem ehemaligen Sitz des Hochmeister des Deutschen Ritterordens.

Rippe   Plastische Bögen aus Stein, die unter der gemauerten Schale eines Gewölbes gespannt sind, bezeichnet man als Rippen. Sie bilden das tragende Gerüst des Gewölbefeldes. Sind zwei Rippen in einem solchen Feld gekreuzt, so ergibt sich das so genannte Kreuzrippengewölbe. In der späteren Gotik werden diese Rippen vielfach miteinander gekreuzt, so dass Netz- und Sterngewölbe entstehen.

Rohling Bezeichnung für einen geformten und getrockneten Ziegelstein vor dem Brennvorgang. Davon zu unterscheiden ist der noch weiche, mit Wasser angemischte ‚Grünling‘, der farblich im Bereich Grünbeige/Graugrün variierende Rohstoff → Ton. Die typisch rote Ziegelfarbe kommt erst durch den Brennvorgang zustande.

Säule Stütze mit einem meist kreisförmigen Querschnitt, die aus einer Basis, einem Schaft und einem Kapitell besteht. Im Gegensatz zum Rundpfeiler (→ Pfeiler), dessen Durchmesser von unten bis oben gleich ist, verbreitert sich die Säule zur Mitte hin, um sich anschließend wieder zu verjüngen (Entasis).

Scheitelkapelle meist Maria geweihte Kapelle, die im Osten in der Mittelachse des Chores einer Kirche vorsteht

Schildbogen Wandbogen, ein Bogen an der Wand- oder Fensterseite eines Gewölbes, im Unterschied zu den freistehenden Scheidbögen, die die Schiffe voneinander trennen.

Sollingplatten Varietät des Buntsandsteins aus den so genannten Karlshafener Schichten im Buntsandsteingebiet des Solling. Das graue bis rötliche Gestein wird seit Jahrhunderten als Platten oder Blöcke abgebaut und u.a. zu Bodenplatten, Stufen, Mauersteinen, Türumrandungen verarbeitet und für Steinmetzarbeiten genutzt.

Spitzbogen Der Spitzbogen wird aus zwei Kreisbögen konstruiert. In der Grundform entspricht die Länge der Kreisradien der Bogenspannweite, und man spricht von einem gleichseitigen Spitzbogen. Konstruktiv liegen die Bogenmittelpunkte auf dem Kämpferpunkt. Der gedrückte Spitzbogen hat kleinere Kreisradien als die Bogenspannweite, und die Bogenmittelpunkte liegen zwischen den Kämpferpunkten. Der Normalfall des gotischen Spitzbogens ist der überhöhte Spitzbogen, auch Lanzettbogen genannt, dessen Kreisradien größer als die Bogenspannweite sind. Hierbei liegen die Kreismittelpunkte außerhalb der Kämpferpunkte.

Spitzbogentonne Tonnengewölbe mit spitzbogigem Querschnitt. Dem steht das einfache Gewölbe mit halbrundem Querschnitt, die so genannte Rundtonne, gegenüber.

Spolie Bei Spolien handelt es sich um Bauteile, meist Säulenschäfte, Kapitelle, Friese oder Gesimse, die Gebäuden entnommen wurden und bei der Errichtung oder Ausschmückung neuer Architektur wiederverwendet wurden. Dies hatte neben praktischen auch symbolische Gründe.

Steckgerüst holzsparende Baugerüste des Mittelalters, die mit dem Mauerwerk ‚verzapft‘ waren, indem man die horizontalen Querbalken in bereits vorgesehene Lücken des Mauerwerks steckte. Auf diese Querbalken konnte man Bretter als ‚Laufsteg‘ auflegen. War die auf einer Gerüstebene erreichbare Höhe vermauert, zog man die Holzbalken aus den Löchern und steckte sie einfach in die nächsthöheren Zwischenräume. Diese Gerüstlöcher sind noch heute in regelmäßigen Abständen an vielen Backsteinkirchen erkennbar.

Strebebogen Ein schräg ansteigendes Bogenstück am Äußeren der Seitenschiffe, das den Gewölbeschub vom Hochschiff einer gotischen → Basilika auf den darunterliegenden → Strebepfeiler überträgt. Zusammen mit dem Strebepfeiler bildet der St. das Strebewerk.

Strebepfeiler Die beiden Grundprinzipien gotischer Architektur, Gewölbe und möglichst durchbrochene Wände, machten St. notwendig, die den Gewölbeschub nach unten ableiten. Die Außenmauern wurden durch St. verstärkt, die entweder nach außen vorspringen oder – seltener – in den Raum eingezogen sein können. Siehe auch Strebebogen.

Stuck Beim Brennen von natürlichem Gipsstein in Drehöfen entsteht ab ca. 160 °C Stuckgips (Calciumsulfat-Halbhydrat). Er bindet mit Leimwasser ab. Aus dieser formbaren Masse kann man Dekor oder Profile als Wand- und Deckenverzierungen schaffen oder Wände glatt verputzen.

Terrakotta gebrannter Ton; ebenso Sammelbegriff für künstlerisch gestaltete Bauelemente wie Friese, Rosetten und Profilleisten aus Tonmaterial. Mit ‚Terrakotten' werden auch jene dekorativen Stücke summarisch benannt, die vom Maß bzw. Format des Normziegels erheblich abweichen, wobei dann im Unterschied zu den Terrakotten für die Formsteine der Begriff ‚Baukeramik' angewandt wird.

Ton Verwitterungsrückstände tonerdehaltiger Silikate, vor allem der Feldspäte. Dadurch bildete sich das weiße Mineral Kaolin, Grundlage der Porzellanherstellung. An tieferliegenden Stellen im Boden sammelt sich Kaolin, vermischt mit Sand, Mineralien und Wasser. Je nach Fundort schwankt seine genaue Zusammensetzung. Sehr feinkörnige, quarzarme Tone werden als fette Tone, stark mit Staubsand vermengte Tone als magere Tone, quarzsandreiche Tone als Lehme (→ Lehm), kalkhaltige Tone als Mergel, stark steinsalz und gipshaltige Tone als Salztone bezeichnet. Reiner Ton ist sehr feinkörnig (unter 0,02 mm), wasseraufnahmefähig und dadurch formbar. Der Grundstoff der Keramik- und Ziegelproduktion entstand in unterschiedlichen Erdepochen. Gebrannter Ton ist der älteste künstlich hergestellte Werkstoff, aus dem bereits vor 10 000 Jahren Gefäße gefertigt wurden.

Tritorium schmaler Laufgang zwischen den → Arkaden oder Emporen und den Obergadenfenstern einer → Basilika. Das T. ist durch Arkaden zum Mittelschiff geöffnet und ein typisches Element der gotischen Wandgliederung. Bei einem Blendtriforium entfällt der Gang.

Tympanon Bogenfeld über dem Sturzbalken eines Portals

Umgangschor Ein → Chor, um den ein Umgang herumgelegt ist. Bei großen Kirchen schließt sich an den U. oft noch ein Kapellenkranz an.

Vegetabiles Ornament Pflanzliche Dekorform. Die Entlehnung aus dem Bereich der

Natur kann von botanisch exakter Nachahmung bis hin zu stilisierten Formen reichen. Eine Spielart des vegetabilen Ornamentes ist das florale Ornament, das aus Blütenformen besteht.

Verband Es bestehen zahlreiche Möglichkeiten, (Back-)Steine regelmäßig aufzumauern: Beim Binderverband ist nur die Schmalseite der Steine sichtbar, während beim Läuferverband die Längsseite in der Mauerfläche liegt. Beim Rollverband sind hochkant gestellte Binder aneinander gefügt. Beim Wendischen V. wechseln sich je ein Läufer und Binder ab, beim Gotischen sind zwei Läufer und ein Binder zusammengefügt.

Verkröpfung Verkröpft (gekröpft) ist ein Gesims, wenn es mit seinem ganzen Profil winklig um Mauervorsprünge herumgeführt ist.

Vierung meist quadratisches Raumfeld im Kreuzungspunkt aus Langhaus und Querhaus

Walmdach Dachform mit vier schrägen Dachflächen über allen vier Gebäudeseiten; kommt sowohl bei Wohnhäusern als auch bei Kirchtürmen vor.

Wendisches Quartier (Wenden = slawische Bevölkerung der kontinentalen Ostseeküstenregion vor der Christianisierung). Im September 1259 wurde von Wismarer, Lübecker und Rostocker Kaufleuten ein Vertrag zum gegenseitigen Schutz des Seehandels unterschrieben. Diese regionale Vereinbarung wird als Beginn des W. Q., einer ‚Regionalgliederung' der Hanse, angesehen. Ihr schlossen sich später auch die Städte Anklam, Demmin, Greifswald, Stettin und Stralsund an. Die gemeinsamen Beschlüsse und Aktionen waren oft richtungsweisend für die gesamte Hanse.

Wimperg Gotischer Ziergiebel über Portalen und Fenstern sowie an Giebeln und Dachgalerien. Ein Wimperg ist mit Krabben (Kriechblumen) besetzt und wird von einer Kreuzblume bekrönt; oftmals flankieren ihn → Fialen.

Stralsund, St. Marien, Blick zum spätgotischen Sterngewölbe der Vierung

Ortsverzeichnis

* In diesen Orten gibt es Förderprojekte der Deutschen Stiftung Denkmalschutz.

Literatur

Die Bau- und Kunstdenkmale in Mecklenburg-Vorpommern: Vorpommersche Küstenregion mit Stralsund, Greifswald, Rügen und Usedom, Berlin 1995

Dehio, Georg: Handbuch der deutschen Kunstdenkmäler, Bezirke Neubrandenburg, Rostock, Schwerin, München/Berlin 1980[2]

Dehio, Georg: Handbuch der deutschen Kunstdenkmäler, Mecklenburg-Vorpommern, völlig neu bearb. von Hans-Christian Feldmann, Gerd Baier, Dietlinde Brugmann, Antje Heling u. Barbara Rimpel, München 2000

Dokumentation der 2. Fachtagung für Backsteinbau, Jerichow 1994

Dollinger, Philippe: Die Hanse, Stuttgart 1998[5]

Eimer, Gerhard und Ernst Gierlich (Hrsg.): Die sakrale Backsteinarchitektur des südlichen Ostseeraumes – der theologische Aspekt, Berlin 2000

Ellger, Dietrich und Johanna Kolbe: St. Marien in Lübeck und seine Wandmalereien, Neumünster 1951

Ende, Horst: Die Stadtkirchen in Mecklenburg, Berlin 1986

Ende, Horst: Dorfkirchen in Mecklenburg, Berlin 1975

Ende, Horst: Kirchen in Schwerin und Umgebung, Berlin, 1990[2]

Gebrannte Größe – Wege zur Backsteingotik. Eine Ausstellung in den Hansestädten Lübeck, Wismar, Rostock, Stralsund, Greifswald, 5 Bde., Bonn 2002

d'Haenens, Albert (Hrsg.): Die Welt der Hanse, Genf/Antwerpen 1984

Hase, Conrad Wilhelm: Über die Wege auf welchen der Backsteinbau uns überkommen ist, in: Zeitschrift des Architekten- und Ingenieurvereins zu Hannover, Heft 39, 1893, S. 122–126

Hauer, Ulrich: Ein mittelalterlicher Ziegel-Brennofen von Haldensleben, in: Ausgrabungen und Funde, Heft 34, 1989, S. 198

Adler, Friedrich: Der Ursprung des Backsteinbaues in den baltischen Länder, Festschrift zur Eröffnung der TH-Charlottenburg, Berlin 1884

Badstübner, Ernst und Uwe Albrecht (Hrsg.): Backsteinarchitektur in Mitteleuropa. Neue Forschungen – Protokollband des Greifswalder Kolloqiums, Berlin 2001

Badstübner, Ernst und Dirk Schumann (Hrsg.): Backsteintechnologien in Mittelater und Neuzeit (Reihe: Studien zur Backsteinarchitektur), Berlin 2003

Badstübner, Ernst und Dirk Schumann (Hrsg.): Hallenumgangschöre in Brandenburg (Reihe: Studien zur Backsteinarchitektur), Berlin 2000

Beyer, Thomas (Hrsg.): Backsteingotik in Norddeutschland, Köln 1996

Böker, Hans Josef: Die mittelalterliche Backsteinarchitektur Norddeutschlands, Darmstadt 1988

Die Bau- und Kunstdenkmale in der DDR, Bezirk Neubrandenburg, Berlin (Ost) 1982

Haupt, Richard: Die Erfindung der deutschen und nordischen Backsteinbaukunst und Ihre Erfinder, in: Zeitschrift für Geschichte der Architektur 5, 1911/12, S. 72–80 und 121–141

Kiesow, Gottfried: Wie die französische Kathedralgotik an die Ostsee kam, in: Monumente. Zeitschrift für Denkmalkultur in Deutschland, 10. Jg., Nr. 7/8, Bonn 2000, S. 54–57

Kiesow, Gottfried: Kulturgeschichte sehen lernen I, Bonn 2002[6]

Kiesow, Gottfried: Kulturgeschichte sehen lernen II, Bonn 2002[2]

Koepf, Hans: Bildwörterbuch der Architektur, überarb. von Günther Binding, Stuttgart 1999[3]

Lange, Paul-Ferdi und Volkmar Herre: Wenn Räume singen – St. Nikolai zu Stralsund, Stralsund 2001

Ludwig, Steve: St. Georgen zu Wismar, Kiel 1998

Nußbaum, Norbert und Sabine Lepsky: Das gotische Gewölbe. Eine Geschichte seiner Form und Konstruktion, München/Berlin 1999

Pagel, Karl: Die Hanse, Braunschweig 1983

Pfotenhauer, Angela: Backsteingotik, Bonn 1999

Puhle, Matthias: Die Vitalienbrüder, Frankfurt 1992

Schäfke, Werner: Frankreichs gotische Kathedralen, Köln 1994

Schildhauer, Johannes: Die Hanse, Stuttgart 1984

Schmidt, Roderich und Helge bei der Wieden (Hrsg.): Handbuch der historischen Stätten Deutschlands, Bd. 12, Mecklenburg/Pommern, Stuttgart 1996

Stiehl, Otto: Der Einfluss Oberitaliens auf die Entstehung des norddeutschen Backsteinbaues im 12. Jahrhundert, in: Deutsche Bauzeitung, Heft 28, 1894, S. 634–637

Walter, Paul-Otto: Herfords historische Kirchen im Bild, Leopoldshöhe 1999[2]

CD-ROM

Kiesow, Gottfried: Wege zur Backsteingotik, Bonn 2001

Bildnachweis

Ein großer Teil der verwendeten Abbildungen stammt vom Autor selbst. Trotz intensiver Recherchen konnten in einigen Fällen die Inhaber von Bildrechten nicht ermittelt werden. Deshalb bitten wir unberücksichtigte Inhaber darum, sich mit uns in Verbindung zu setzen.

Titel   St. Marien, Lübeck von Osten (Foto: Wolfgang Heidemann, Lübeck)

Seite 2   St. Nikolai, Stralsund, Gewölbe (Foto: Martin Poley, Wismar)

Aufmacher
Die Hanse
links: Hans Holbein d. J., „Portrait des Georg Gisze", 1532 (Staatl. Museen zu Berlin, Gemäldegalerie)
rechts: Handel mit Getreide, Buchseite im „Specchio umano" des Getreidehändlers Domenico Lenzi, frühes 14. Jahrhundert, Florenz, Biblioteca Laurenziana

Backsteintechnik
links: Dorfkirche Vietlübbe
rechts: Terrakottaschmuck an St. Georgen, Wismar

Bauformen
links: Braunschweiger Dom
rechts: St. Nikolai, Wismar

Einleitung

S. 9   Jürgen Riexinger, Köln

S. 10r, 11, 13   Martin Poley, Wismar

S. 12m   Volkmar Herre, Stralsund
S. 12r   Claudia Schwalfenberg, Berlin

S. 14l   Wolfgang Heidemann, Lübeck
S. 14m   M.-L. Preiss/DSD

Die Hanse

Aufmacher rechts, 19   Florenz, Biblioteca Laurenziana (Ms. Laur. Tempi 3, c. 2)

Aufmacher links, 24, 35   Berlin, Bildarchiv Preußischer Kulturbesitz (Staatliche Museen zu Berlin, Gemäldegalerie, Jörg P. Anders)

1   Oxford, Bodleian Library, University of Oxford (MS. Douce 88, fol. 139r)

2   Stephane Lebbe, Louvain-la-Neuve

3   Stralsund, Stadtarchiv

4, 17   Den Haag, Koninklijke Bibliotheek

5   Jean-Jacques Rousseau, Brüssel: Lübeck, Kunst- und Kulturgeschichtliches Museum, St.-Annenmuseum

6, 41   London, British Museum (Royal MS 15, E III, fol. 264)

7   NDR, Landesstudio Kiel

8, 10, 15, 29   Waltraud Friedrich, Karben

9   Lübeck, Archiv der Hansestadt

11, 16   Friedrich Naab, München: (aus: Olaus Magnus: „Historia de gentibus septentrionalibus", Rom 1555, III)

12   Münster, Institut für vergleichende Städtegeschichte

18   Venedig: Fotoliografia Giacomelli

20   Florenz, Biblioteca Nazionale Centrale (Giorgio Chiarini: „Il libro di mercatanzia", [Bartolomeo de'Libri], hg. v. Piero Pacini, Frontispiz, Inc. L.7.14)

21, 72   Wismar, Hansestadt Wismar

22   GFI, Hannover (Ekkehart Reinsch)

28, 47, 48, 49   Volkmar Herre, Stralsund

31, 37, 45, 54, 63   Jean-Jacques Rousseau, Brüssel

32   Christa Sembritzki, Leipzig (Agas Map, London, Guildhall Library)

33   Antwerpen, Koninklijk Museum Voor Schone Kunsten

34   Nürnberg, Germanisches Nationalmuseum

38, 39   Jean-Jacques Rousseau, Brüssel: Lüneburg, Museum für das Fürstentum Lüneburg

42   Rouen, Collections Bibliothèque municipale de Rouen (Thierry Scencio-Parvy) (Ms. 1, 2, 927, fol. 127 v)

43   München, Bayerische Staatsbibliothek (Blumen-Stundenbuch, Clm 23638)

44   München, Staatliche Graphische Sammlung

46   Danmarks Historie, Bd. 4/5, Kopenhagen 1963 (aus: Olaus Magnus: „Historia de gentibus septentrionalibus", Rom, 1555, Bd. III)

51, 53, 56   Brüssel, Bibliothèque Royale (David Aubert : «Anciennes croniques et conquestes de Charlemaine», Mss. 9066)

55   Stade, Schwedenspeicher-Museum

57   Roskilde, Vikingeskibsmuseet (Werner Karrasch)

58   Bremerhaven, Deutsches Schiffahrtsmuseum

59   Bremen, Focke-Museum, Bremer Landesmuseum für Kunst und Kulturgeschichte

60   Rotterdam, Maritiem Museum ‚Prins Hendrik'

61   Amsterdam, Rijksmuseum, Prentenkabinet

62   Frankfurt, Städelsches Kunstinstitut, Graphische Sammlung

64   London, British Library (Royal MS 10.E.IV.fol. 19)

65, 69   Hamburg, Museum für Hamburgische Geschichte

66, 67   Campus-Verlag (Frankfurt a.M.)

71   Brüssel, Bibliothèque Royale (Ms. 9543, fol. 88v.)

72   Claudia Schwalfenberg, Berlin

Backsteintechnik

Aufmacher, 20, 90   M.-L. Preiss/DSD

1, 55, 67, 70, 75, 76, 93, 101   Procon GmbH, Mainz

42, 56   Schütze-Rodemann, Halle/Saale

54   aus: Ulrich Hauer: „Ein mittelalterlicher Ziegel-Brennofen von Haldensleben", in: Ausgrabungen und Funde, Heft 34, 1989, S. 198

59   Ziegelei Falkenløwe, Sönderborg (Dänemark)

81, 97, 109   Martin Poley, Wismar

119   Gerlinde Thalheim/DSD

123   Rüdiger Hof, Bonn

129   Hanjo Volster, Wismar

Bauformen

1, 5, 12, 20, 21, 22, 29, 31, 38, 40, 41, 51, 58, 59, 60, 66, 73, 76, 84, 88, 101, 107, 110, 117, 120, 123, 127, 128, 129, 130, 131, 133   Procon GmbH, Mainz

8, 28, 64   Florian Monheim, Meerbusch

9   Reinhard Elbracht, Bielefeld

16, 27, 65, 69, 70, 72, 89, 111, 118, 158   M.-L. Preiss/DSD

Aufmacher rechts, 26, 53, 56, 57, 74, 80, 81, 82, 87, 91, 95, 106, 112, 113, 119, 121, 122, 136, 154   Martin Poley, Wismar

34, 35, 157   Wolfgang Heidemann, Lübeck

39   Constantin Beyer, Weimar

75, 92   Hanjo Volster, Wismar

77   Angelika Heim, Rostock

85, 86, 93, 94, 153   Brandenburgisches Landesamt für Denkmalpflege, Meßbildarchiv, Waldstadt

116   Wolfgang Linden/DSD

156   Dombauarchiv Köln (Matz u. Schenk)

„Backstein...

...dieser Stein hat Kulturgeschichte geschrieben. Vor 800 Jahren in Abermillionen aufgetürmt zu wahren Kolossen, so gigantisch, so stolz, so himmelhoch, wie es noch kein Bauwerk zuvor gab zwischen Wismar und Wolgast."

Eine Aufforderung an uns alle.
Stein um Stein.

Ein Kulturschatz, den es zu bewahren gilt.

Nicht nur die großen Basiliken, die wir staunend betreten, deren kontinuierliche Pflege jedoch steten Einsatz fordert.

Auch die Altstadtkerne von Wismar oder Stralsund mit ihren Marktplätzen und Bürgerhäusern, deren Fortbestand vom Wandel des Wohnens und Wirtschaftens bedroht ist.

Oder die unzähligen Dorfkirchen, deren Restaurierung und Pflege oft auf winzigen Gemeinden lastet:

Sie alle brauchen unser Engagement.

Sie brauchen unsere konkrete Hilfe, um den jahrelangen Sanierungsstau aufzuholen. Um zu retten, was Jahrhunderte zuvor überdauert hat und der norddeutschen Architekturlandschaft Besonderheit verleiht. Damit nicht wieder Gewölbe ein-

stürzen oder Mauerrisse entstehen, weil Dächer undicht sind, muss die stetige Baupflege gesichert sein.

Nehmen wir uns den Bürgersinn der Hanse zum Vorbild! Zum Erhalt dieser einzigartigen Kulturlandschaft ist der Gemeinsinn der Bürger gefragt:

Rette mit – wer kann!

Damit Vergangenheit Zukunft hat

Spendenkonto: 30 555 55
BLZ 380 400 07
Commerzbank Bonn

Weitere Informationen erhalten Sie bei:

DEUTSCHE STIFTUNG
DENKMALSCHUTZ

Koblenzer Straße 75 · 53177 Bonn
Tel. 02 28 / 9 57 38-0 · Fax 9 57 38-23
www.denkmalschutz.de